ちくま新書

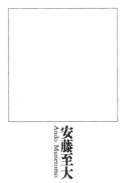

これだけは知っておきたい 働き方の教科書

安藤至大
Ando Munetomo

1114

これだけは知っておきたい 働き方の教科書【目次】

第4章 いま私たちにできることを知る 181

はじめに

皆さんは、いま働いていますか。それとも学生でしょうか？

この本を手に取っていただいた方の中には、すでに社会人として働いている方もいれば学生としてアルバイトをしている方もいるでしょう。また外でお金を稼ぐのではなく、主に家事労働をしている方もいるかもしれません。

働いてお金を稼ぐというのは、なかなか大変なことです。達成感を感じることもありますが、思い通りにならないこともたくさんあります。そのために、現在の自分の働き方に不満がある人は多いはずです。また、いまはまだ働いていない人であっても、これからの働き方について様々な不安を抱いていることでしょう。

この本では「働く」ということについて考えます。その際に、わが国の法律や慣習がどうなっているのか、また経済学ではどのように考えるのかという二つの視点から見ていきます。ただし法律や経済学といっても難しいことは扱いません。多くの人が、暗黙のうちに「だいたいこんな感じかな?」と思っていることを、少しだけ丁寧に説明していきます。

具体的には、本書では、

①私たちの社会において、働き方の仕組みはどうなっているのか
②現在の仕組みにはどのような問題があるのか
③働き方はこれからどのように変化するのか
④私たちは今後の変化にどのように備えればよいのか

という四つの疑問に答えます。つまり働き方について、背後にある構造、現状、未来、そして個人にできる対策を順番に考えていきます。

「そんなことよりも、どうすれば給料が増えるのかを教えて欲しい!」などという読者もいることでしょう。しかし本書では給料の話は少ししか扱いません。なぜなら**働き方の現在と未来について、また現行の法制度について知っておくことのほうが、長い目で見るとより役に立つ**からです。

私たちの働き方はこれから大きく変わっていきます。産業構造の変化や技術進歩の加速、また少子高齢化の進展など、私たちを取り巻く環境は驚くほどに変化しています。しかし現在の仕組みについて知ることが無意味なわけではありません。

「愚者は経験に学び、賢者は歴史に学ぶ」という言葉があります。私たちの上司や先輩、また親たちは、様々な失敗をしながら働いてきました。そのような苦労をあえて自分が繰り返さなくても良いと考えるなら、歴史を知ること、つまり過去の人の苦労や経験を参考にすることが大切なのです。

暗闇の中を手探りで歩くのは誰にとっても怖いものです。これに対して懐中電灯と地図があるだけで、歩くのがずっと楽になります。それは、懐中電灯は足下《あしもと》を照らし、また地図は全体像を教えてくれるからです。法律や経済学についての知識は、私たちにとっての重要な道具であり、まさに懐中電灯や地図なのです。

これからしばらくの間、働き方の現在と未来について、一緒に考えていきましょう。それにより皆さんが抱いている不満や不安を、少しでも解消することにつながるはずです。

第1章

働き方の仕組みを知る

私たちは、なぜ働くのでしょうか。このような質問をすると、皆さんの答えは様々でしょう。人によっては「**社会を良くするため**」とか「**自己実現のため**」などといった格好のよい言葉が返ってくるかもしれません。

でも、それは本当でしょうか？

確かにそのような人もいるでしょう。しかし、多くの人は「**生活するためには、お金を稼がないといけないから**」という身も蓋《ふた》もないことを真っ先に考えているはずです。

働いて給料を貰わなければ生活できない。これが働くことの最も大きな理由でしょう。しかし大事なのはそれだけではありません。本章では「**私たちはなぜ働くのか**」を考えることから、働き方についての勉強を始めましょう。

1　私たちはなぜ働くのか？

†生活のために働く

突然ですが、皆さんにいくつか質問をしたいと思います。まずは日本の総人口についてです。ご存知でしょうか？

これは簡単ですね。ほとんどの方は1億2000万人から1億3000万人の間だということを知っているのではないでしょうか。正確には、わが国の人口は2014年8月1日時点で1億2712万2000人となっています（これは総務省の「人口推計」の数字です）。

それでは、次の質問です。その総人口のうちで、働いている人の数はどのくらいでしょうか？　外れていても良いので、予想してみてください。

「子どもや高齢者もいるし、また専業主婦もいるから……」などと考えてみると、「人口のおよそ半分として、6000万人くらいかな？」などと推測することができるはずです。

いかがでしょうか？

それでは答えを見てみましょう。総務省の「労働力調査」（２０１４年11月分）によると、日本では６３７１万人が就業者であり、そして雇われて働く人、つまり雇用者は５６３７万人となっています。人口のおよそ半分という推測は、だいたい当たっていましたね！

さて、子どもや高齢者を除くと、多くの人々は何かしらの仕事をしています。それでは、私たちはなぜ働くのでしょうか？

その最も大きな理由は、おそらく「生活するために必要だから」というものです。親が資産家であるとか宝くじで大金を手にしたといった特殊な場合を除けば、私たちは働かなければ生活できません。毎日のご飯をたべるためにも、そして家族の生活を維持するためにも必要なことです。

しかし働くのは、いまの生活のためだけとは限りません。例えば高齢者になってからの生活のために一定の資産が必要だということなども理由となるでしょう。以下では、なぜ私たちは働くのかについて、経済学ではどのように考えるのかを紹介しましょう。

†稼得能力を向上させるために働く

私たちが働く理由のひとつとして、経験を積んだり新しいことを学んだりすることを通じて、いま以上に仕事ができるようになれば、お金を稼ぐ能力が向上するということが考えられます。これは**「いまの生活のため」ではなく「将来の生活水準を向上させるために働く」**ということです。

お金を稼ぐ能力のことを専門用語では、**稼得《かとく》能力**といいます。稼得能力が向上すると、それまでと同じ労働時間（例えば1日に8時間）だけ働いていても、より多くの収入を得られるようになります。また、月収30万円といった同じ金額を、より少ない労働時間で得ることができます。

このような考え方を理解することは、仕事を選ぶ際にも有益です。多くの人は、できることなら仕事が楽で賃金が高い働き方を望んでいると思われますが、大事なのは今の賃金や働き方だけではないのです。このことを次の例を使って確認してみましょう。

安藤さんは、いま求職中です。そして生活のために、次の二つの仕事のうちのどちらかを選ばなければならないとします。

一つはレストランでコックさんの調理補助をする仕事です。この仕事の時給は900円です。もう一つはビルの清掃作業で、時給は1200円です。どちらも労働時間の長さと仕事のキツさは同じ程度だとします。

さて、安藤さんはどちらの仕事を選べばよいのでしょうか。時給が高い清掃の仕事でしょうか。皆さんが彼の相談相手だったとしたら、どちらを薦めますか？

ここで「時給だけでは決められない」と考えた方は、いままでの話を正しく理解しています。仕事の選択を考えるときには、稼得能力に与える長期的な影響についても考慮する必要があるからです。

例えば、清掃の仕事は今後もずっと時給1200円のままですが、調理補助の仕事は、経験を積むことによって、2年目になると時給が1500円になるかもしれません。また美味しい料理が作れるようになり、将来的には料理人として独立して自分の店を持てる可能性もあります。それなら今は賃金が安くても、調理補助を選ぼうとする人もいるでしょう。

職業選択を考える際には、仕事を通じた成長にも配慮することが必要なのです。

✝仕事を通じた自己実現のために働く

働く理由として次に注目したいのは、**仕事を通じて達成感を得られる**という点です。

もちろん仕事をすることは大変です。体力も使いますし人間関係でも疲れます。また他にもいろいろと苦労はあります。例えば、コンビニで深夜アルバイトをしていた友人の話では、「客がこないときは、時間がぜんぜん進まなくてつらい。残り1時間になったときには、早く終わらないかなと時計ばかり見ていた」そうです。

しかし仕事には、達成感を得られるという別の面もあります。なぜなら私たちは、課題をクリアできたときや目標を達成できたとき、また他の人や社会に貢献したという実感が持てたとき、大きな満足を感じるからです。

加えて、上司から「よくやった！」と言われるとか、部下から「すごいですね！」と言われること、このような周囲の人たちからの承認を得ることも仕事のモチベーションとして重要でしょう。

自己実現や承認が大事だということを理解するために、次のような例を考えてみましょう。

山本さんが、仕事帰りに酔った勢いで購入した宝くじに当たって、一等と前後賞合わせて5億円という現金を手に入れたとします。これは普通の大卒サラリーマンの生涯賃金を大きく超える金額です。

彼は「家を買おうかなあ、その前にまず車かな……」などと、この大金をどのように使おうかと考えています。また「仕事を辞めてしまおうかな」ということも検討中です。

あなたがもしこのように5億円を手に入れたとしたら、仕事を辞めますか？

もちろん辞めても十分に生活できます。好きなときに起きて、好きなときに寝る生活も可能です。一日中テレビを観てもいいですし、昼間からお酒を飲んでダラダラすることもできるでしょう。

しかし自由な時間を手に入れてから少し経つと、次第に飽きてきて、何か別のことをやりたくなるのではないでしょうか。

例えば、仕事を定年退職した人の中には、何もやることがないと暇を持て余しますし、何も達成感を得られない生活はつまらないと考える人も多いようです。そこで住んでいるマンションの管理組合の仕事や地域のボランティア活動などに参加しているのです。仮に無給であっても、自分の居場所を見つけたり人の役に立ったりすることには意味があります。達成感を得られるのは、お金を稼ぐ仕事だけに限りません。

この定年退職者の場合と同様に、仮に宝くじに当選して、働かなくても生活できるようになったとしても、自分の楽しみのために仕事を続けることも考えられます。

このように仕事をする際に大事なのは、目先のお金だけではありません。もちろんお金は大事です。お金がなければ生活できません。しかし**仕事から他に何が得られるのかを知っておくことは、職業選択を考える際にとても重要**なのです。

2　なぜ人と協力して働くのか？

†自給自足には限界がある

皆さんは自分が食べるものや着る服などを自分で作っていますか？

「私は料理が得意だから、自炊している」という人もいるでしょうが、ここで「自分で」作るといっているのは、食材をスーパーで買ってきて自分で調理するとか、布地を買ってきてミシンで服を仕立てるということではありません。土地を耕して、田畑で米や野菜を育てて、豚を飼うなど、最初から最後までをすべて自分でやるという意味です。このような生活を自給自足といいます。

もちろんそんな人はいないでしょう。

ヨットで遭難してしまい無人島にたどり着いたとか、誰もいない山奥で一人暮らしをしているなどといった例外的なケースを除けば、すべての人は他人が作ったものを消費して生活しているのです。

例えば、筆者は大学の教員として研究や教育をすることで収入を得ています。そのお金で家を借りたり、洋服や食材を買ったり、レストランで食事をしたりするわけです。

それでは私たちはなぜ自給自足をしないのでしょうか。理由を考えてみましょう。

それは**自給自足をするよりも、一部の生産活動に特化して、その成果物を他の人の生み出したものと交換したほうが、結果的により多くのものを安定的に手に入れることができる**からです。

なぜ一部の生産活動に特化したほうが良いのかには、いくつかの理由があります。まず多くの仕事を少しずつやるよりも、少しのこと（場合によっては一つのこと）に集中したほうが、経験を通じて熟練することができるため、より多くのものを生み出せる可能性があります。

例として、1日に8時間働ける環境で、魚釣りと野菜作りという二つの仕事があるケースを考えてみましょう。このときそれぞれの仕事に4時間ずつ費やした場合よりも、例えば魚釣りに特化した場合には、コツがわかって4時間だけ働く場合の2倍以上の魚を手に入れることができるでしょう。

また一**部の仕事に特化することには、相対的に得意な仕事を集中的に行うことができる**

というメリットもあります。人によって得意な仕事や不得意な仕事が異なるとするなら、分業してその成果を交換することによって大きな利益が生まれるのです。先ほどの魚釣りと野菜作りの例を使って、このことの意味をもう少し考えてみましょう。

分業と交換の重要性

ここではAさんとBさんという二人に注目して、分業することにどのようなメリットがあるのかを考えます。もっとたくさんの人がいたとしても本質的なことは何も変わらないので、もっともシンプルな状況を考えることにします。

まず自給自足を行っているときには、二人がどのような生活をしているのかを見てみましょう。

ある南の島に、AさんとBさんの二人だけが住んでいます。この島は暗くなると危険なので、1日に8時間だけ働くことができます。
二人は、それぞれ自分の食べる物は自分で調達していて、魚釣りと野菜作りの両方をバランスよく行っています。これは魚と野菜のどちらかだけを食べるよりも、両方食べるほうが飽きませんし健康に良いからです。

ここでAさんとBさんを比べたときに、AさんはBさんと比べて魚釣りが得意で、反対にBさんはAさんよりも野菜作りが得意だったとします（このように他人よりも優れていることを**絶対優位**といいます）。

このとき限られた時間を有効に活用するためには、二人で役割分担をすることが効果的です。つまりAさんは魚釣りが中心の生活を行い、Bさんは野菜作りが中心の生活を行ったとすると、得意なことに時間を使っているため、二人が手に入れる食料の合計は自給自足の場合と比べて増えることになります。

そして、その成果をうまく分け合うことで、自給自足の場合と比較して、二人ともよりたくさん食べることができます。この例から、**得手不得手がある場合には分業して交換することにメリットがある**ことがわかります。

それでは次のようなケースではどうでしょうか。

Aさんは、魚釣りでも野菜作りでもBさんよりも優れています。同じ時間だけ働いたとして、Aさんは魚釣りならBさんの10倍、また野菜作りでも2倍の収穫を得ることができます。

このようにすべての面で優れている人と劣っている人がいる場合には、優れているAさんはBさんとは協力せずに、自分で両方の仕事をやったほうがよいように思いませんか？

比較優位の原理

じつは違います。

この話の興味深いところは、仮にどちらの仕事についてもAさんのほうがBさんよりも優れているとしても、やはり分業のメリットがあるという点です。

まず確認ですが、すべての面で劣っているBさんであっても、魚釣りはAさんの1／10くらいの仕事しかこなせませんが、野菜作りならば半分くらいのスピードで仕事をこなせる状況をここでは考えます。このとき絶対的にはどちらの仕事についても劣っているにせよ、差が小さいという意味では、Bさんにとっては野菜作りのほうがまだマシだといえます。

このとき自給自足の状況と比較して、Aさんは魚釣りを増やし、Bさんは「まだマシ」という意味で相対的には得意な（これを**比較優位**があるといいます）野菜作りに集中することで、二人分を合計したときの生産量が増やせるからです。

このように、**すべての面で優れている人と劣っている人との間であっても、相対的に得意な分野に特化し、結果をうまく交換することにより全員が利益を得られる**ことを**比較優位の原理**といいます。

ここで重要なのは、**誰にでも比較優位はある**という点です。先ほどのケースでも、Aさんは B さんと比べてすべての面で優れていますが、それでもBさんは野菜作りに比較優位がありました。比較優位という用語は、「比較してどちらが優れているか」という絶対優位の意味に誤用されることがありますが、あくまで「絶対的に優れているかどうかではなく、相対的にマシなのはどちらか」という意味ですので注意してください。Aさんは、魚釣りも野菜作りも絶対優位にありますが、比較優位なのは魚釣りであり、野菜作りは比較優位ではないのです。

†比較優位の原理と使い方

比較優位の原理は、さまざまな場面に応用することができます。まずは優秀なビジネスマンと新入社員との関係を考えてみましょう。

> ある会社に、先輩の営業社員と若い新入社員が一人ずついます。話を簡単にするために、この会社では、お客さん向けの資料作成とコピー取りという二つの仕事しかないとしましょう。そして二人の社員を比較すると、当然のことながら、どちらの仕事に関しても先輩の営業社員のほうが高い能力を持っています。

このように資料作成でもコピー取りでも、先輩社員のほうが新入社員よりも効率的に行うことができるとしても、先輩がすべての仕事を自分で抱え込むのではなく、例えばコピー取りは新人に任せて、自分は資料作成により多くの時間を使ったほうが良いといったことが考えられます。

また、比較優位の原理は、複数の国の間で行われる国際貿易を考えたとしても成り立ちます。

例として、次のようなケースを考えます。


日本とアメリカは、どちらの国でも米と自動車の両方を作っています。そして日本は自動車製造に比較優位があり、アメリカは米作りに比較優位があるとしましょう。現在、両国の間では貿易促進についての交渉が行われています。しかし日本国内では、貿易の自由化に反対する意見も多く聞かれます。


ここまで見てきた比較優位の原理を応用すれば、貿易をせずに国内製品のみを消費している状態と比べたら、貿易促進により両国ともに生活水準が向上することが考えられます。なぜなら、その国にとって比較優位がある産業での生産量を増やしてその一部を輸出し、もう一方については輸入に頼ることにすれば、両国ともに消費できる量が増えるからです。

それではなぜ貿易自由化に反対する人がいるのでしょうか？

このことを理解するためには、国際貿易の場合は、個人間の分業の話とは異なる点もあることに注意する必要があります。

まず現時点では、日本人の一定割合が米を作り、別の人たちは自動車製造に携わっています。ここで自由貿易を促進すると、理論的には比較優位のある産業での生産量を増やす代わりにもう一方の生産量を減らすことになります。しかしこれまで米作りをしていた人が明日から自動車を作れるようになるかといったら、すぐには対応できないでしょう。

このように国際貿易のメリットを比較優位の原理に基づいて理解するためには、個人間の分業を考える際には考慮されていなかった**産業間での労働移動の難しさといった別の条件についても考える必要がある**のです。そして貿易の自由化は、結果的には私たちの生活水準を向上させるものであっても、人々が対応できるスピードで進めていくのが望ましいと考えることもできるのです。

†「すべての人に出番がある」ということ

さて、これまで見てきた比較優位の話が正しければ、それによりどんな人にでも何らかの役割や居場所があるということになります。なぜなら、忙しく働いている人がいるときには、誰か手の空いている人が手伝うことによって、仮に手伝う側の人がすべての面で劣っていたとしても、両者が得をするからです。つまり**比較優位の原理は「すべての人に出**

番がある」ということを私たちに教えてくれるのです。

しかし現実には、長時間労働で健康を損なう人がいる一方で、失業して困っている人もいます。このように現実が比較優位の原理の通りにはならず、一部の人だけが仕事を抱え込んでしまうのはなぜでしょうか？

それは比較優位の原理は、理屈としては完全に正しいのですが、このロジックが成立するためには、理論の前提条件が満たされていることが必要だからです。

例えば、仕事の一部分だけを切り出して他の人に担当してもらうことが難しい場合や、そもそも他人の能力がわからないことから安心して仕事を任せられない場合には、分業が成立しにくいのです。

したがって**働きすぎて死にそうな人と仕事がなくて死にそうな人が共存している状況を解消・軽減するためには、分業をしやすい環境をつくってやればよい**ことになります。このような観点からは、仕事内容を明確にするためのマニュアル化などは有効です。マニュアル化は非人間的だとされることがありますが、それにより他人に容易に仕事を任せられるようになり、分業に役立つという側面があるのです。

3　なぜ雇われて働くのか？

†なぜ雇われて働くのか

　これまで、私たちはなぜ働くのかということ、またなぜ人と協力して働くのかということについて考えてきました。そこで見てきた具体例からもわかるように、働くということは、必ずしも雇われて働くことだけを意味しません。現実の社会を見ても、個人事業主として独立して働く人もいれば、経営者として人を雇って仕事をしている人もいます。

　しかし最初に見たように、多くの人は雇われて働いています。就業者である6371万人のうちの5637万人ということですから、およそ9割ですね。

　そこで次に考えたいのは、**なぜ雇われて働くことを多くの人が選んでいるのか**という問題です。

　テレビ番組や雑誌などを見ると、最近は大学生のうちから起業して社長になる人もいるようです。しかし雇われた経験を持たずに、いきなり個人事業主になったり自分で事業を

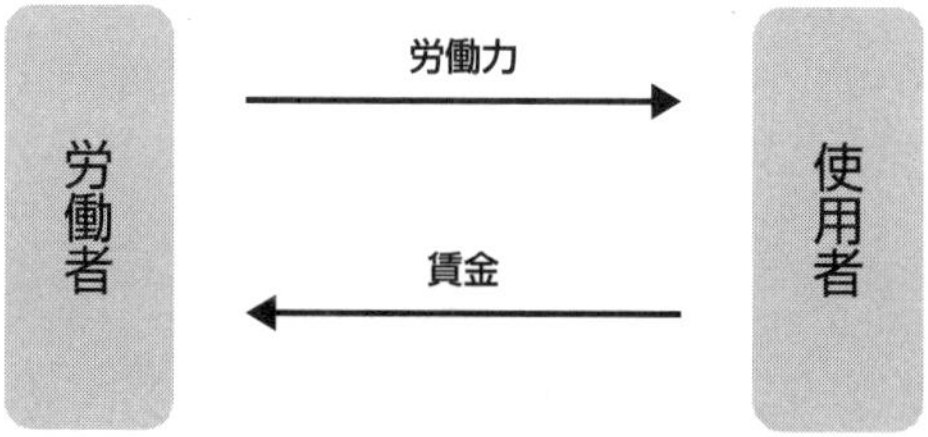

図1-1　雇用契約

始めたりする人は、やはりまだまだ少数派です。多くの人は、最初は雇われて働くことから始めています。そして、ほとんどの人は雇われて働くことを続けて長い労働人生を終えることになるのです。そこで本書では、雇われて働くという働き方を中心に考えていくことにしましょう。

「雇われる」という働き方が存在するためには、まず雇う側と雇われる側が必要です。前者を専門用語では**使用者**、また後者を**労働者**といいます。そして雇われて働く際には、使用者と労働者の間で**雇用契約**が結ばれます。これは、**労働者は労働力を提供すること、また使用者は賃金を支払うことを互いに約束する双方向の契約**です。この関係は図1-1のようにまとめることができます。

つまり労働者は労働力の売り手であり、使用者は買い手となるわけですが、通常の商取引では、企業が売り手で人間が買い手です。労働力の取引の場合には、その関係が入れ替わっていることに注意する必要があります。

†他人のために働くということ

他人に対してお金を払うことで自分のために働いてもらう契約形態とは、雇用だけではありません。法律上は雇用・委任・請負という三つの典型的なパターンが存在します。それぞれにはどのような違いがあるのでしょうか？

契約の目的が何か、また手段の選択などの裁量権がどちらにあるのかに注目すれば、区別の付け方は簡単です。図1－2を見ながら整理しておきましょう。

まず雇用というのは、これら三つのパターンの中で、働く側にとって最も大変な状況であるといえます。なぜなら契約で定められた期間中は労働力を提供することになるのですが、その詳細な内容は雇う側がある程度は自由に決定できるからです。このことを指して、雇う側が**指揮命令権**を持つといいます。このとき過度な働かせ方になってしまう可能性や、どこまでが契約で定められた仕事の範囲かなどについて争いになる可能性があるため、雇用についてのみ労働基準法による保護があるのです。

次に**委任**とは、**法律行為を行うことを他人に任せるということ**ですが、法律行為以外の

	雇用	委任	請負
契約の目的	労働力の提供	労働力の提供	仕事を完成させること
裁量権	依頼する側	働く側	働く側

図1－2　雇用・委任・請負

事務を任せる**準委任**という契約形態もあります。わかりやすい例では、弁護士に依頼するのは委任であり、事務作業について業務委託契約をするのは準委任となります。この場合には、労働力を提供するという点では雇用と同じなのですが、どのように働くのかは働く側に決定権があります。

そして**請負**とは、**労働力を提供することではなく、仕事を完成させること**が目的となる契約です。わかりやすい例としては、工務店の職人さんに注文住宅を建ててもらうような場合を挙げることができます。これは設計図通りの家が建つことが目的であり、仕事の進め方については働く側に任せてしまうことになるため、請負契約なのです。

†法律における雇用契約

それでは雇用契約が法律においてどのように扱われているのかを、もう少しだけ丁寧に見てみましょう。

雇用についての基本となる法律は、**民法**です。そして民法では、労働者と使用者が対等な立場で雇用契約を結ぶことを前提として、様々なルールが定められています。先ほどの図1－1のような横の関係ですね。

しかし実際の労働者と使用者の関係（これを**労使関係**といいます）を見ると、必ずしも対等な関係が成立しているとはいえません。そこで労働者と使用者の力関係の不均衡に配慮して、当事者が仮に合意したとしても許されない働き方について、法律による規制があります。この**働き方の最低限のルールを定める法律**を**労働基準法**といいます。

労働に関する法律のことを労働法ということが多いのですが、じつは労働法という法律はありません。労働基準法や労働契約法など、労働に関するさまざまな法律の総称として労働法と呼んでいるのです。

さて、それではどのような人が労働法の保護を受ける労働者なのでしょうか。労働者とはどのような人のことを指すのかを整理してみましょう。

労働者とは誰のことかを判断する際には、**労働基準法上の労働者**という考え方と**労働組合法上の労働者**という考え方があります。まず前者については「使用従属性」の有無が最も重要な判断基準となります。これをわかりやすく言えば、誰かの指揮監督を受けて働く場合には労働者になるということです。そしてこのような労働者については、例えば賃金水準の下限や労働契約期間の上限などが、法律で定められています。もし、使用者と労働者の双方が雇用契約の内容に納得していたとしても、それが法律で定める最低限の基準を満たしていない場合には、法律で定められた基準によって置き換えられることになります。後者の労働組合法上の労働者とは、わかりやすく言えば団体交渉が許される人たちという意味です。交渉力が弱い人たちの団結を認めることにより、労働条件の交渉がより対等に近い形で行われるようにすることがその目的です。

これら二つの基準を理解する上でわかりやすい例は、プロ野球の選手です。

> プロ野球選手は、球団と選手が毎年契約を結びます。また年俸などは、交渉により決まります。
> ただし試合がない時期の練習のやり方やテレビ出演をするかどうかなどは、選手側の判断で決めることができますし、試合で使うバットやグラブなどの用具も自分で選ぶことができます。

プロ野球の選手たちは、労働基準法の考え方では労働者ではありません。一人ひとりがかなりの自由度を持って働き方を決めることができる個人事業主のようなものだからです。

しかし労働組合法上の労働者です。そして実際に、選手たちは労働組合としての日本プロ野球選手会を組織していて、これは法的にも認められています。

さて普通の労働者の場合には、プロ野球選手の契約更新のように、使用者と労働者が一対一で交渉することにより雇用契約の内容を決めているとは限りません（最近は代理人として弁護士を同伴する形で交渉に臨む選手もいます）。従業員が何千人もいるような大企業で、全員と個別に話し合って労働条件を決めるのには、かなりの時間と手間がかかるからです。そこで会社側が定める**就業規則**や労働組合との間で結ばれる**労働協約**により、集団的に労働条件が決定されることがあります。

契約したら、その内容は守る必要があります。また一方的に契約を破棄することや、内容を変更することは原則としてできません。これに対して、相手方が契約を守っていない場合には、まずは契約通りにしてもらうことを要求できますし、それでも契約が守られない場合には、契約の破棄や損害賠償の請求が可能です。

このあたりは、第2章で解雇についてのルールを学ぶ際に重要なことですので、覚えておいてください。

†雇われて働くことのメリットとデメリット

さて、私たちはなぜこのように「雇われて働く」という選択をするのでしょうか？

それは様々なメリットがあるからです。雇われて働くことのメリットとしては、**まず自分自身で仕事をとってこなくてもやるべき仕事が与えられる**こと、また**与えられた仕事をこなすことに集中できる**という点があります。集中的に同じ仕事をしていると、その分だけ速く熟練することが考えられますね。

そして、**あらかじめ契約で定められた賃金を確実に得られる**ことも大きいでしょう。例えば給料に業績給部分（歩合《ぶあい》給やボーナスなど）だけでなく固定給部分がある場合には、本人の成果がそのまま収入となる個人事業主よりも所得の変動が小さいはずです。

別の面から考えると、**会社の看板で仕事ができる**こともメリットだといえます。自分自身では良い評判をまだ築けていない若手でも、会社の評判があることで仕事を任せてもらえるのです。

雇われて働くことには、当然、デメリットもあります。仮に雇われて働くことにメリットしかなければ、誰も人を雇う側になろうとはせず雇われる側を選ぶはずです。しかし雇用契約には、雇う側と雇われる側の両方が必要なのです。このように買い手と売り手の両面から取引行為を見るというのは、経済現象を考える際にはとても重要なことですね。

それでは雇われて働くことのデメリットとは何でしょうか？

この質問に対して、多くの人はまず「**給料が安いこと**」を挙げるでしょう。しかしこれは収入の安定を得ることとの代償として、仕事がうまくいったとしても全部自分のものにはできないことから、仕方がない面があります。

雇われて働くことのデメリットとして、他に「**自由な時間に働けないこと**」や「**上司の命令に従わなければならないこと**」、また「**仕事内容を選べないこと**」を挙げる人もいるかもしれません。

しかしそれは本当でしょうか？

皆さんが仮に自営業をしていたとしても、おそらく取引先の都合に振り回されることもあるでしょうし、時間が思い通りにならないことは多々あるはずです。また、好きな仕事を選べるかどうかを考えると、これは取引先との間で結ばれる契約の内容と当事者の力関係次第だといえそうです。

詳細は次の章で扱いますが、雇用契約には詳細な仕事内容をかなり特定した形態もあれば、雇う側が仕事の内容をかなり自由に変更できるものもあります。例えば大企業で働く事務職の正社員などは、配置転換により、これまでの仕事とはまったく異なる仕事を担当することもありますし、勤務地も会社側の指示により決定されるため、引っ越しを伴う転勤や単身赴任を余儀なくされるケースもあるでしょう。

このように、労働者にとって**雇われて働くことには、ある程度の安定の代わりに働き方の自由を差し出すという取引**だという面があるのです。

4　なぜ長期的関係を築くのか？

†市場で取引相手を探す

企業の中には、製造・営業・販売・経理など、さまざまな仕事をしている人たちがいます。すべての仕事を自分一人でやるのではなく、必要に応じて分業するということは、このように多くの職場で実際に行われています。

しかしこれまでの説明だけでは、じつは企業が存在することの理由としては不十分です。

なぜなら**雇う側にどのようなメリットがあるのか**を考えていないからです。この点を理解するために、次のような具体例を考えてみましょう。

井上さんが、自分がデザインしたTシャツを商品として販売しようとするケースを考えましょう。彼女は、自分ではTシャツを大量生産することができないため、製造する技術を持つ人に協力して貰う必要があります。このとき必要な能力を持つ個人と1日毎に契約して、必要な期間だけ働いてもらうことができれば、それで目的を十分に達成できるかもしれません。

会社が人を雇うというのは、井上さんのケースのように、必要な仕事をしてくれる人と必要な時間だけ取引をすることとは違います。もちろん日雇いのアルバイトのような働き方もありますが、一定期間、その会社のために働き続けるような契約のほうが主流です。

なぜ必要な労働力を毎日必要なだけ調達しようとしないのでしょうか？

その理由を考えるためには、まず取引する相手を探すことには時間と費用がかかることに注意する必要があります。過去に仕事を依頼したことがある人に一人ずつ電話をかけたり、ネットなどを使って新しい人を探したりするのには手間がかかります。

またこちらが必要なときに相手の時間が空いていなければ仕事を頼むことはできません。必要なときに必要な人材を労働市場で見つけることができなければ、その分だけ仕事が遅れてしまいます。

取引に付随してかかるこのような費用のことを、経済学では**取引費用**といいます。取引費用に含まれるのは相手を探す費用だけではありません。取引相手に仕事を依頼するためには、相手と出会うことだけでなく、その人の能力を見極めることも必要ですし、どのような条件で働いてもらうのかを決めなければならないからです。例えば、どのくらいの期間で仕事を仕上げるのか、またそれによりどのくらいの金銭を支払うのかといった点を交渉により詰めておく必要があります。このような契約内容の決定にも時間とお金がかかります。加えて、契約書を作成することなどにも費用はかかります。このようなことを考えると、必要な人数だけ毎日契約して働いてもらうよりも、一定期間の専属契約を結んだほうが望ましい状況がありそうですね。

†長期的関係を築く

皆さんがスーパーに買い物に行ったときに、お目当ての商品が売り切れていたことはありませんか？　商品の売り手であるスーパーと買い手である消費者の関係は、短期的なものです。近所の行きつけの店で頻繁に買い物をしているかもしれませんが、毎日同じものを同じだけ買う必要はありませんし、明日からは別の店で買うということもできます。またツケにしない限りは、毎回の買い物の度に取引が完結しています。

しかしこのような取引のかたちではなく、長期的な取引を約束することもできます。例えば新聞をどのように入手するのかを考えてみましょう。

上田さんの家には、○×新聞の朝刊と夕刊が毎日配達されています。新聞を手に入れることを考えると、コンビニや駅の売店で必要なときだけ購入することもできますが、上田さんは月極めの契約で宅配してもらうことを選んでいます。

なお○×新聞を一部ずつ購入すると朝刊は160円で夕刊は70円、また月極めの場合には朝夕刊セットで4509円です。

上田さんと新聞販売店のように、長期的関係を築くことには、買い手にとっても売り手にとってもそれぞれメリットとデメリットがあります。

まず新聞の買い手にとっては、自分から新聞を扱う店に出向いて買わないですむことや売り切れの心配をしなくてよいことなどが考えられます。しかし毎日確実に読むとは限らない場合には、必要ない日の分まで代金を支払うことになるかもしれません。これに対して売り手にとっては、安定した収入が見込めることが最大の利点です。しかし一部あたりの収入は月極めのほうが安いですし、配達のコストもかかります。

労働力の取引でも、似たような理由で長期的な取引が行われることがあります。それにより毎日の取引相手を探すことの手間や契約の煩わしさ、また取引相手が見つからないことによる損失といった問題を回避できるからです。

日本の企業において、どのようなときになぜ長期雇用が実現するのかについては、第2章で詳しく見ることにしましょう。

5　一日にどのくらいの長さ働くのか？

†「収入ー費用」を最大化

私たちは、一日のうちの多くの時間を労働に使っています。正社員として企業で働いている場合には、例えば朝の9時から夜の6時まで、途中で1時間の休憩を挟んで8時間ほど働くのが一般的でしょう。これに加えて上司から残業を命じられた場合には、帰宅がもっと遅くなるかもしれません。このように正社員の場合には、働く時間を自分で決めることができないこともあるのです。これに対して、主婦のパートや学生のアルバイトの場合には、都合が付く時間帯だけ働くケースが多いでしょう。

以下では私たちが、労働時間の選択を行う際に、暗黙のうちにどのように考えているのかを経済学の言葉を使って説明したいと思います。そしてここでは労働者が働く時間の長さを仮に自分で決められるとしたら、どのような選択をするのかを考えてみることにしましょう。

話をわかりやすくするために、とても単純化した次のようなケースを考えます。

衛藤さんが働くと、1時間あたり1000円の収入を得ることができます。彼は生活のためにお金が必要なのですが、1日あたり何時間働くことを選ぶでしょうか？

選ばれる労働時間がゼロということはないでしょう。衛藤さんは、お金が必要なのですから。しかしいくらお金が必要だからといって24時間働き続けることは不可能です。したがって、仕事の辛さやお金が必要な程度に応じて、6時間とか8時間といった中程度の時間を選ぶことが考えられます。それではどのような人が6時間ではなく8時間働くことを選ぶのでしょうか？

この問題を図1-3を使って考えてみましょう。左上の図は、横軸に労働時間、縦軸に収入をとったものです。そして時給が1000円なので、労働時間と収入の関係は右上がりの直線となり、8時間働けば8000円の収入になります。

右上の図は、縦軸を費用としたものです。この費用とは、財布から出て行くお金のことだけではありません。経済学で費用と言う場合には、その選択をすることにより失うもの

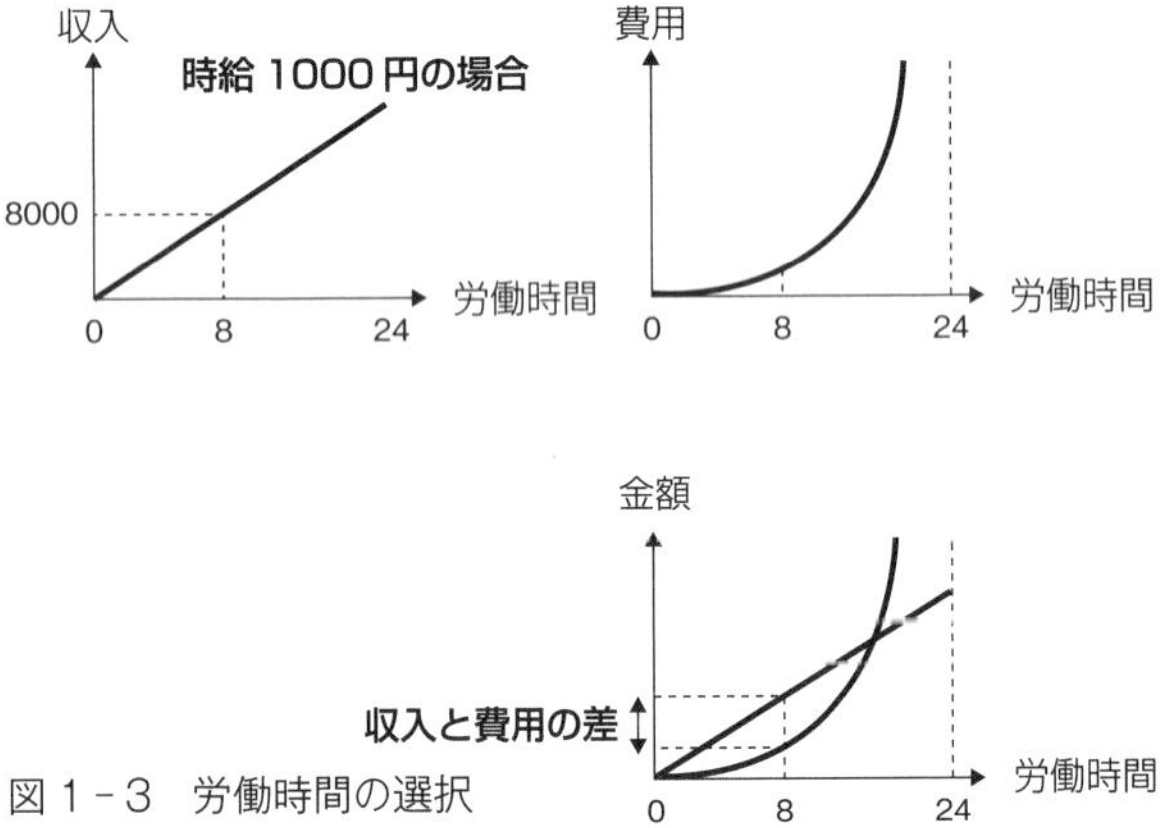

図1－3　労働時間の選択

すべてを指しています。これを指して「機会費用」という言い方をすることもあります。

それでは働くことに伴う1時間あたりの費用には、どのようなものがあるでしょうか。通勤にかかる時間やお金などを除くと、やはり大事なのは、働いている時間は他のことができないこと、また疲労がたまるなどのダメージを受けることです。そしてその失われるものは、4時間働くのと8時間働くのとでは、単純に2倍ではなく、労働時間が長くなると加速度的に増えていくと考えることができます。そこで右上の図のような曲線で費用が表現されています。

これら二つのグラフを一つにまとめたのが下の図です。労働者は、得られる賃金収入から費用を引いた幅が最大になるように選択をすると考えると、この労働者にとって最善の選択は8時間労働ということになります。

この結果は、もちろん働くことの費用の曲線がどのような形状をしているのかによって変わります。例えば、もっと手前から急なカーブを描いているような場合には、選ばれる労働時間は8時間よりも短くなるはずです。これは実際に描いて確認してください。

ところで、いま考えた問題は、仮に自分で働く時間を自由に選べたとするなら、収入と費用の差が最大になるような選択肢を選ぶということであって、実際に労働者が好きな時間を選んで働けるとは限らないことに注意してください。例えば、このところ長時間労働による健康被害の問題に注目が集まっていますが、その背景には、望まない長時間労働を強いられていることがあるのかもしれません。この点については、後で扱うことにしましょう。

†資源制約とトレードオフ

もし1日が24時間ではなく、いくらでも時間が使えるなら、8時間ではなく、より長い時間働くことができるでしょう。しかし私たちの1日は、誰にとっても等しく24時間です。したがって働くこと、遊ぶこと、寝ることなどに時間を振り分ける必要があります。

このように上限が決まっているのは時間だけではありません。毎月の賃金が例えば20万円ならば、それを家賃、光熱費、食費、貯蓄などに振り分ける必要があります。このように時間やお金といった資源が限られているために、**好きなことに好きなだけ使うことができない状況**のことを指して、**資源制約**がある状態といいます。

資源制約があるとき、自分にとって望ましい複数のことを同時に追求することが難しく、**「あちらを立てればこちらが立たず」という状態**に直面することになります。これを**トレードオフ**の関係があるといいます。

先ほどの図1－3を使った説明では、労働の費用という用語を使いました。そして労働時間が長くなると他のことに使える時間が減ってしまうというトレードオフの関係を右上がりの曲線を用いて表現しているわけです。

そして収入と費用の差が最大になる選択として、この図の場合には8時間だけ働いているときが最善だと先ほど説明しましたが、これが限られた時間を本人にとって最もバランスよく利用している状態となっているのです。

†限界収入と限界費用が一致する点

さて、この最善の選択である8時間労働のところをよく見ると、そこから例えば1時間だけ労働時間を減らしたとすると、この労働者にとって損になることがわかります。それは収入が1000円減るのに対して費用の減少分は1000円未満であるため、収入減のダメージのほうが大きいからです。反対に労働時間を1時間増やすことを考えても、やはりこの労働者は損をします。なぜなら収入の増加は1000円ですが、費用の増加はそれ以上だからです。労働時間を増やしても減らしても損してしまうということから、8時間労働が最善であることが確認できますね。

さて、ここで興味深いのは、最善の選択である8時間のところでは、図1-4からもわかるように、収入の直線の傾きと費用の曲線の傾き（ただし8時間のところでの傾き）が一致しているということです。このことを専門用語を用いて表現すると、これは**限界収入**と**限界費用**が一致している状況です。

「限界〜」とは、「注目している要素を少し変化させたときの〜への影響を見る」という意味です。したがって限界収入は、労働時間を少し増やしたり減らしたりしたときに収入がどのように変化するのかを、また限界費用は費用がどのように変化するのかを意味しています。

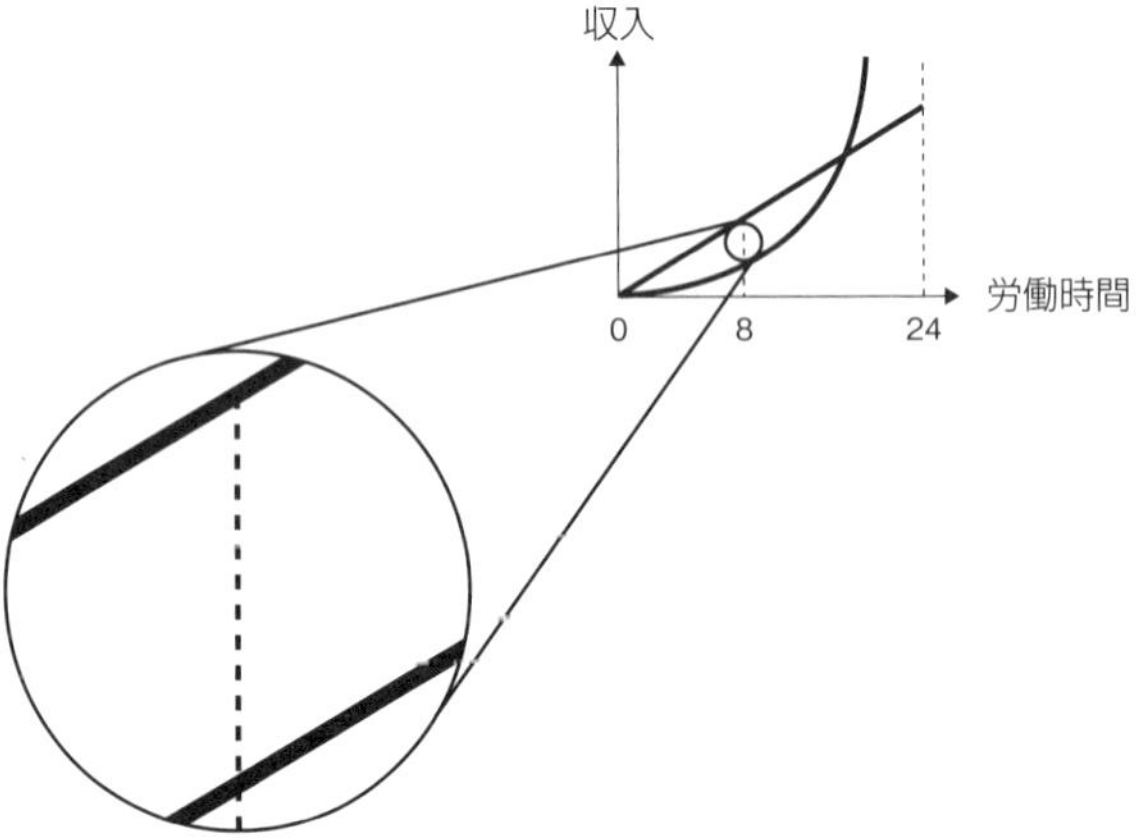

図１－４　８時間のところを拡大してみると……

　この**限界収入と限界費用が一致する選択が望ましいというのは、経済学を学ぶ上で何度も登場する便利な考え方**なので、ぜひ覚えておいてください。

6　給料はどう決まるのか？

†競争的で短期雇用の場合

　私たちが仕事について考える際に、最も気になるのは給料のことです。これを賃金などと別の呼び方をすることもありますが、意味するところは同じです。

　ここでは**給料がどのように決まるのか**について、また**給料を増やすためにはどうすれば**

良いのかについて考えてみましょう。具体例として考えたいのは、コンビニでアルバイトをする場合の時給の決まり方です。つまり正社員のような長期雇用ではなく短期の場合を考えます。

新宿区には、非常に狭い範囲に何件ものコンビニが立地しています。その店頭に貼ってあるアルバイト募集のポスターを見てみると、どこの店でも大体同じような水準の時給になっています。例えば昼間の時間帯の時給がセブン－イレブンで950円なら、ファミリーマートでも同じく950円です。

なぜこのように同じ水準の賃金になるのでしょうか？

もちろん労働力の買い手であるコンビニ同士で、時給について話し合って決めているわけではありません。そのような行為は、賃金カルテルとして禁止されています。

それなのになぜ似通った価格になるのかというと、コンビニのアルバイトのように、仕事内容もある程度定型化していて、売り手も買い手もそれなりにたくさんいる場合には、**相場の価格**（ここでは相場の時給ですね）が形成されることが多いからです。

相場の価格が決まっているとはどのような状態なのでしょうか？

それは**売り手も買い手も「だいたいこのくらいの価格だよね」と認識していて、実質的にその価格でしか取引できない状況のこと**です。

仮に時給950円が相場の賃金だったとしましょう。このとき労働力の買い手であるコンビニの店長は、本当はもっと安い時給で働いてほしくても、それは無理です。求職者は、相場の時給である950円を提示している他の店に行ってしまいますから、アルバイトを雇うことができません。したがって時給950円を提示しなければ、労働者を雇うことができないのです。

また反対にアルバイト先を探している学生は、時給が高ければ高いほど嬉しいのですが、時給が950円より高いコンビニを見つけることができません。また面接時に「もっと時給を高くしてほしい」と訴えても、おそらくこの学生は採用されないでしょう。なにしろ他に時給950円で働いてくれる人はたくさんいるのですから。

このように相場の価格が形成されることの背後には、需要と供給のバランスがあります。時給が高すぎれば、たくさんの労働者がコンビニで働きたいと考えますが、労働力の買い手であるコンビニの店長の側は、少しの人数しか雇いたいとは思いません。このときは求職者のほうが多い人余りの状態ですので、「もう少し時給が低くても働きたい」と考える労働者と「もう少し時給が安ければ、もっと雇える」と考える店の間で時給の引き下げ交渉が行われるようになり、時給を低下させる力が働くことになります。

反対に時給が低すぎれば、今度は、店長側はたくさんの人を雇ってもよいと考えるのに対して労働者側はコンビニの仕事に魅力を覚えないことになり、結果として人手が不足することになります。このときには時給を上昇させる力が発生します。

このように時給が高すぎれば下げる方向の力が、また低すぎれば上げる方向の力が働くことから、その間のどこかに、働きたいと考える人数と店側が雇いたいと考える人数が一致するような時給があり、そこで釣り合いがとれることになるでしょう。この価格のことを**均衡価格**といいます。

売り手も買い手もたくさんいる状態（これを競争的といいます）であり、また長期雇用の場合と違って、いまの貢献度に見合った賃金をいま受け取るような場合には、このような**市場の自律メカニズムを通じて価格が決定される**ことになるのです。

ここまではコンビニの時給が決まるメカニズムを紹介しました。その際に大事なのは、売り手も買い手もたくさんいるために、自分が取引価格を決める力を誰も持っていないということです。そして自然発生的に決まる相場の価格で取引するか諦めるかという選択を、売り手も買い手もすることになるのです。

†長期雇用ならば年功賃金の場合もある

コンビニの時給ではなく、正社員の賃金ならばどうでしょうか。学校を卒業してから新入社員として大企業に入社して、定年までの長期間その会社で働き続けるような場合には、**年功賃金**といわれる賃金形態が用いられることがあります。年功賃金の背景にある日本型雇用と年功序列制度については、第2章で丁寧に見ていくことにして、ここでは年功賃金についてのみ簡単に紹介しておきましょう。

年功賃金とは、図1-5のように、**基本給の部分が勤続年数に応じて増加していく賃金体系**のことを指しています。

まずは貢献に見合った賃金のカーブを見てみましょう。労働者が新卒で採用されたケースを考えてみると、最初は1円も稼ぐことができず、社内で仕事を学ぶことになるため、貢献はマイナスです。したがって貢献に見合った賃金を考えると、これもマイナスになります。つまり本来なら授業料を納めないといけないような状況ですね。

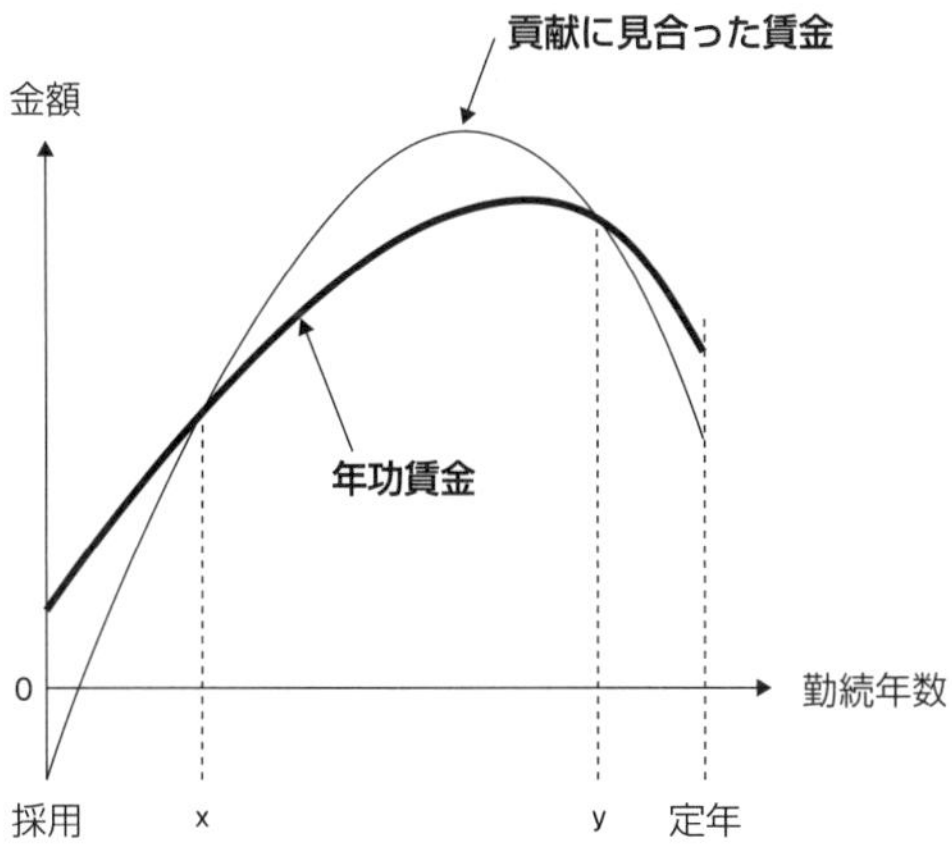

図１−５　年功賃金

当初はマイナスから始まった貢献度は、職務経験を積むことにより、次第に増加していきます。ただしあるところをピークとして、貢献度は次第に低下していきます。これは体力的に衰えることや新しい技術に次第に対応できなくなっていくことを意味しています。

このように考えると、貢献に見合った賃金をその時点で受け取ることを考えた場合の賃金カーブは、図の細い曲線のような山型になることが考えられます。

これに対して実際に支払われる年功賃金の形状は少し違います。まず採用された当初から、ある程度の給料をもらうことができます。これは貢献度がマイナスだからといって、授業料を取られるのでは生活できないからです。

そして図のxからyまでの期間は、貢献度に見合った賃金よりも低い賃金を受け取ることになります。なぜこのような賃金形態を採用しているのかは後で考えることにして、この年功賃金が満たしている性質について考えておきましょう。

まず採用時から定年までの雇用期間全体を見たときには、貢献に見合った賃金と実際に支払われる年功賃金の総額がほぼ一致することになります。これは貢献に見合う水準以上に賃金を支払ったら、会社が損してしまうことが理由です。全体を見たときに釣り合っているということが大事なのですね。言い換えれば、**長期雇用の場合には、その時点ごとに関係を清算しているわけではなく、全体をみて貸し借りの関係が清算されていれば、それで良い**という点が重要です。

このとき、最も活躍している壮年期に受け取ることができる賃金が、貢献に見合う水準よりも低いことや、定年直前の段階では、反対に賃金をもらいすぎのように見えても、それだけで不当だと考えることはできません。例えば、定年前に過剰な賃金を受け取っているように見えたとしても、これは会社に預けておいたお金を取り戻しているだけだと考えられるからです。

†取り替えがきかない存在の場合

これまで考えてきたのは、コンビニのアルバイトや会社で働く一般的なサラリーマンのような働き方でした。これらは他の人でもある程度は同じ仕事をこなせるタイプの職種であるといえます。もちろん能力の面で個人ごとに違いがあるかもしれませんが、このように他の人でも代替可能な場合には、やはり受け取ることができる給料は需要と供給のバランスにより決まってくることになります。

つまり多くの企業で必要とされる仕事や一部の人にしかできない仕事の給料は高くなり、あまり必要とされていない仕事や誰にでもできる仕事の場合は安くなるのです。

これに対して、この人でなければダメだという要素が強い働き方をしている場合には、給料の決まり方が変わってきます。これは一般的な商品の売買と同じです。多くのメーカーが似たような商品を大量に作っている場合には、やはり相場の価格というものが存在します。しかし希少価値のある一点物の場合には、相対での取引やオークションにより価格が決まることになるのです。

賃金などの労働条件について、相対での条件交渉やオークションが行われるケースとして想像しやすいのは、プロスポーツ選手の働き方でしょう。例えば、プロ野球選手は、複数年契約をしていない場合には、毎年、条件の交渉を行います。前年度の成績や評価によって、年俸が増えたり減ったりすることは皆さんもご存知でしょう。

また一定の年数が過ぎると、所属しているチームから自由に他へ移ることが可能になります。その際に、複数のチームが「あの選手を欲しい！」と考えている場合には、それらのチームがより良い条件を提示することで対象となる選手を奪いあう競争が行われることになります。これは一点物の商品などが売り買いされる際に用いられるオークションなどと本質的には同じことです。

このように**取り替えがきかない存在になると、待遇が大幅に向上する**ことが考えられます。そして取り替えのきかない存在になるというのは、メディアでも紹介されるようなスポーツ選手になることだけを指すのではありません。例えば、次のようなケースもあります。

小山さんは、デパートのスーツ売り場で働いています。彼は既製服を選ぶ場合でも的確なアドバイスをしてくれますし、オーダーメイドの場合には採寸の腕がすばらしいため、とても人気があります。それにより「小山さんが担当してくれるのでなければ買いません」といった顧客も多く存在しています。

このように個人として指名されるようになれば、やはり会社としてはその社員を取り替えのきかない存在として意識するようになるでしょう。

給料を上げるためには

これまで給料の決まり方について紹介してきました。それでは**私たちが受け取る給料を増やすためには何をすればよいのか**を、第1章の最後に考えてみましょう。

給料を増やすためには、個人の努力による部分と社会全体での取り組みが求められる部分という二つの面から考えることができます。

個人にできることとしては、まず**働く時間を増やす**ことが考えられます。時給1000円の人が、働く時間を7時間から8時間に増やすと、賃金も1000円だけ増加します。しかしこの方法では、他のことに使える時間が減ってしまいます。

それでは労働時間を増やすことなく給料を上げるには、どうすれば良いのでしょうか？

それには**同じ時間でより多くの仕事をこなせるようになる**ことがまず挙げられます。また、**これまでできなかった仕事ができるようになる**ことも有益でしょう。できる仕事が増えれば、使用者にとって、その労働者を雇うことの価値がそれだけ増えることになるからです。そして、もっと賃金が高い別の職種に移ることができれば、それによっても、当然、給料が増えます。

しかしここで挙げた三つの方法では、労働者同士の仕事の奪い合いという側面がどうしても発生してしまいます。例えば、ある人が短時間でより多くの仕事をこなせるようになるということは、他の人の仕事を奪ってしまうという影響があるからです。

そこで重要になるのが、働く人たちの待遇を全体的に向上させるための施策です。そのために最も大事なのは、やはり景気が良いことです。企業が労働者を奪い合う環境を作ることこそが、待遇向上のための近道なのです。したがって適切なマクロ経済政策が取られることは、雇用の観点からも重要だといえるでしょう。

ここまでは雇われて働く労働者として、給料を増やすための手段を考えました。しかし他にもやり方はいろいろと存在します。

その代表的なものは、**もっとリスクを負担する**ことです。そもそも雇われて働いているということは、リスクを他人に負担してもらっていることを意味します。そしてそのリスクを負担していない分だけ、受け取ることができる給料は下がってしまいます。

したがって雇われて働く場合でもリスクをもっと負担する働き方（例えば、より成果主義的な契約）を選択すること、また雇われる側から雇う側にまわることなども、収入を増やすことにつながる可能性があります。これらの点については、第2章において長期雇用の意味を考える際にきちんと考えることにしましょう。

コラム　労働は商品ではない？

国際労働機関（ＩＬＯ）は、1919年に設立された労働問題を扱う専門機関であり、1946年からは国際連合の専門機関になりました。第二次世界大戦の最中である1944年に開催されたＩＬＯ総会で採択されたフィラデルフィア宣言には、有名な「労働は商品ではない（Labour is not a commodity）」という表現があります。これはその当時、労働者が長時間労働や低賃金に苦しんでいるといった問題意識から生まれたものです。

この「労働は商品ではない」という言葉の意味を、私たちはどのように考えれば良いのでしょうか。

まず標準的な経済学の考え方では、もちろん労働者は商品ではないが、労働力は取引の対象となる財・サービスの一つとして扱われます。しかし財・サービスといったときに、例えば自動車とキャベツでは、取引を行う際に直面する問題が異なります。キャベツのような生鮮食品は、長期間保存しておくことができません。収穫時に市場で取引される相場の価格が安いからといって、高くなるまで保管しておくことが難しいのです。このため豊作により値崩れした際でも、その低い価格で売るか、あきらめて廃棄するかを選ぶことになります。

労働力というのも保存が利かないという意味では生鮮食品に似ています。私が売ることができる今日1日の労働力を取っておいて、明日まとめて2日分を売ることはできないからです。

また労働力という商品の特性として、その売り手である人間の人格とは切り離せないという点に注目して、「労働は特殊だ」という見方をする人もいます。しかし「特殊だから特別扱いしろ」とか「市場における競争から免れるべきだ」という主張については注意したほうがよいでしょう。

このようなタイプの主張は、農業や医療、教育などさまざまな分野で観察されますが、いずれも額面通りに受け取ることはできません。表面的には消費者のためであるとか子どものためであると主張していても、よく考えてみると供給者側にとって都合が良いことを求めているだけかもしれないからです。

労働についても、商品ではないと考えて特別扱いをするよりも、まずは商品として普通に取引するためにはどうすればよいか、またどのような点で特殊なのかを精査した上で、どのような配慮が必要なのかを冷静に考える必要があるといえるでしょう。

第2章 働き方の現在を知る

最近、非正規雇用の増加など、私たちの働き方の変化に注目が集まっています。また学校を卒業してから、なかなか就職先を見つけられないことや、せっかく見つかった職場を３年以内に辞めてしまう若者が多いことなども問題視されています。しかし非正規雇用のどこが問題なのか、また正規雇用は誰にとっても望ましい働き方なのかといった点について、皆さんは正確に理解しているでしょうか？

正規や非正規といった雇用形態にはどのような違いがあるのか、また**日本型雇用とはどのようなものなのか**といった点を知ることを通じて、本章では**働き方の現在**について理解しましょう。

1　働き方の現状とルールはどうなっているか？

†正規雇用と非正規雇用

最近になって私たちの働き方が大きく変わってきたという話を聞いたことがありませんか？　例えば正社員として就職するのが難しいとか、非正規雇用が増加しているなどといった話は、新聞や雑誌、テレビ等で、皆さんもよく目や耳にしていると思われます。

私たちの働き方について理解するためには、まず現状がどうなっているのかを正しく知ることが必要です。また私たちの働き方を支えている法律や慣習とはどのようなものかを理解しておくことも重要です。そこで第2章では、働き方の現在について学ぶことにしましょう。

最初に注目するのは、**正規雇用とはどのような働き方なのか**についてです。正規雇用とは、俗に正社員という言い方もされていますが、あまりよくわかっていない人もいるのではないでしょうか？

また最近、様々な場面で問題視されることが多い非正規雇用について知るためにも、まずは**正規雇用**について知っておく必要があります。なぜなら非正規というのは「正規ではない」という意味だからです。

ところで正規雇用とは、じつは法律で明確に定められた言葉ではありません。しかし専門家の間では、**正規雇用とは無期雇用・直接雇用・フルタイム雇用という三条件を満たす働き方のこと**だとされています。ちなみに「短時間労働者の雇用管理の改善等に関する法律」(いわゆるパートタイム労働法)には、「通常の労働者」という言葉が登場します。これが正規雇用のことを指していると考えることもあるのですが、本書では、やはり先述の三条件を満たす働き方が正規雇用だと考えることにします。

以下では無期・直接・フルタイムという三条件が、それぞれどのような意味なのかをみていきます。しかしその前に、そもそも「雇用」とはどのような意味なのかを確認しておきましょう。雇用契約については第1章で説明したのですが、覚えていますか?

大事なことなので復習しておきましょう。まず雇用とは、雇われて働くことでした。もう少し正確に言えば、雇用とは、使用者が労働者に対して賃金を支払うことを約束し、また労働者は労働力を提供することを約束する双務的な契約です。

この「雇用とは契約である」というのは、とても大事なことです。次のような例を考えてみましょう。ここまで極端なケースは少ないかもしれませんが、ワンマン社長が経営する中小企業などでは割と普通に見られるやり取りではないでしょうか？

社長「おい、田中。このまえ言っておいたアレ、終わったか？」
田中さん「すみません、まだです。今日中にやっておきます」
社長「使えないなあ、おまえは。まったく。この給料泥棒が！」
田中さん「申し訳ありません」
社長「ところで、次の土曜日は暇か？」
田中さん「家族で出かける予定があるのですが……」
社長「あぁ？　そんなのいつでもできるだろ。ウチの庭掃除をするから手伝いに来い」
田中さん「えっ」

企業経営者や上司にあたる人の中には、労働者に対して「雇ってやっているのだから、俺の言うことに従え」と考えている人がいるかもしれませんし、また労働者側にも「雇ってもらっているのだから、不平不満を言ってはいけない」などと思っている人がいるかもしれませんが、法律的には、労使は対等な取引関係にあります。そして労働者には、あくまで契約で定められた範囲で仕事をすることが求められているのであり、社長の家の庭掃除をする必要はありません。

しかしどこまでが契約で定められた仕事であり、どこからが違うのかがわかりにくい場合もあります。これは仕事内容が契約で明確に定められていないときに起こりがちなことなのですが、この点については無限定正社員について考える86ページで説明することにして、正規雇用の三条件が何を意味しているのかを順番に見ていきましょう。

†正規雇用の三条件

(1)無期雇用

まず無期雇用とは、**雇用契約の期間をあらかじめ定めておくのではなく、期間を決めずに雇用する契約のこと**です。これは、本来は使用者側と労働者側のどちらかが解約を申し出るまでは、自動更新されていくような雇用契約のことです。しかし様々な歴史的経緯を経て（その経緯は後で説明します）、現在では、使用者側には労働者の定年までの雇用をできるだけ維持する雇用保障義務があるのに対して、労働者側は少し前に（法律上は2週間前、実際には就業規則に従って1ヶ月前とされることが多い）告知すれば辞められるという雇用形態のことを意味しています。

ただし雇用保障があるといっても絶対的なものではありません。働くことができなくなれば解雇される可能性もありますし、そもそも会社が倒産してしまうこともあるため、定年まで働けることが確実であるとはいえないのです。

無期雇用ではない働き方は有期雇用です。有期雇用とは期間を定めて雇用契約を結ぶことですが、これは原則として3年までとされています。例外としては、例えば専門的知識を持つ労働者（博士号の取得者など）や満60歳以上の労働者を雇う場合には上限が5年、また一定の事業の完了に必要な期間がある場合（例えば建築土木工事など）にはその期間までとされています。

有期雇用契約は、上限の3年ではなく、実際には半年や1年契約とされることが多いようです。そして有期雇用契約は更新することができます。例えば1年契約が満了したときに、もう1年間の契約を結ぶことも可能です。

ただし労働契約法の改正により、2013年4月1日からは、有期雇用が更新されて通算で5年を超えたときには、労働者側が要求すれば無期雇用へと転換できることになりました（なお大学などの研究者については、この無期転換申込権が発生する期間が5年ではなく10年とされています）。

(2) 直接雇用

次に直接雇用とは、雇用契約の相手である使用者の直接的な指示にしたがって労働者が働いているという意味であり、わかりやすくいえば、**間接雇用である派遣労働ではないということ**です。

直接雇用の場合、契約の当事者は使用者と労働者の二人です。先ほども述べたように、労働者は労働力を提供し、使用者は賃金を支払うという関係でした。これに対して派遣の場合には、派遣元企業・派遣先企業・労働者という三者間の関係になります。そして労働者は派遣元企業に雇われて派遣先企業の指揮命令を受けて働くことになります。この関係をまとめると図2-1のようになります。

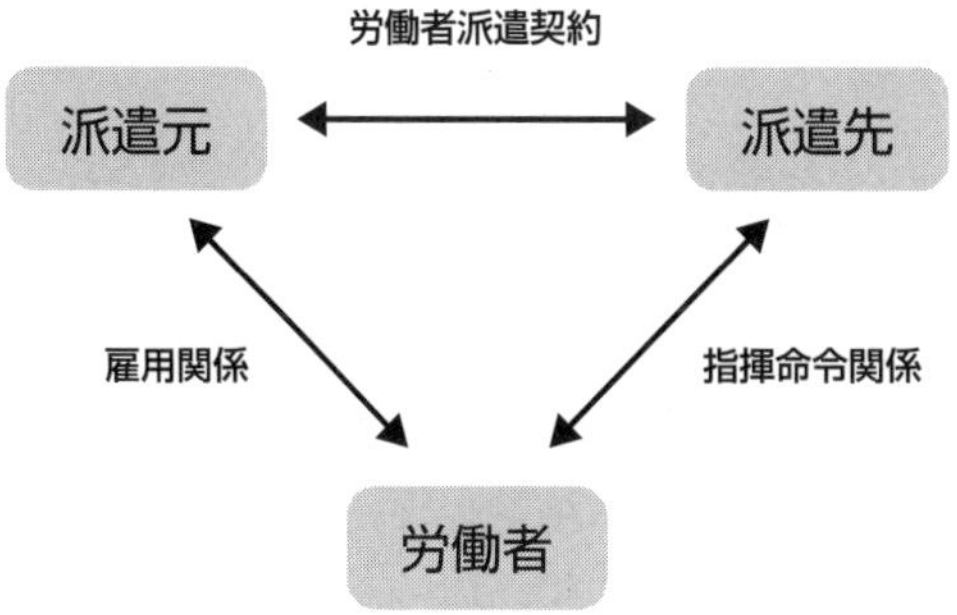

図２-１　派遣労働

(3)フルタイム雇用

最後の条件であるフルタイム雇用とは、その職場で定められた標準的な労働時間の勤務を行うという働き方です。これはわかりやすく言えば**パートタイムではない**ということです。

ここで皆さんに知っておいていただきたいのは、労働基準法により、企業が労働者を働かせることができる時間には法定労働時間という上限が定められているということです。これは休憩時間を除いて1日8時間、週40時間までしか原則として働かせてはならないというルールです。このルールに基づいて、企業は所定労働時間を定めています。例えば、朝9時から夕方5時まで働き、途中で1時間の休憩がある場合には、所定労働時間は7時間となります。

この説明を読んで「おかしいぞ！」と思った方も多いでしょう。労働時間の上限が法律で決まっているというのに、多くの会社では長時間労働が行われているからです。「残業が多すぎて、子どもの寝顔しか見られない（涙）」という30歳代のサラリーマンの嘆きなどもよく耳にします。

しかしこのような残業のある働き方も、きちんと手続きをとっていれば違法ではありません。法定労働時間を超える働き方をさせる場合には、まず労使で協定を結ぶ必要があります。これを法律の条文の名前をとって36協定《さぶろくきょうてい》といいます。また法定労働時間を超えた残業に対しては、割増賃金を支払うことも必要になっています。これらのルールについては、後で長時間労働の現状を説明するところで詳細に扱うことにしましょう。

†7種類ある非正規雇用

これまで正規雇用とは、無期・直接・フルタイムの三条件を満たす働き方だということを説明しました。これに対して、三条件のうちの一つでも満たさない場合には**非正規雇用**ということになります。したがって、非正規雇用にもいろいろな種類があることになります。全部でどれだけあるでしょうか？

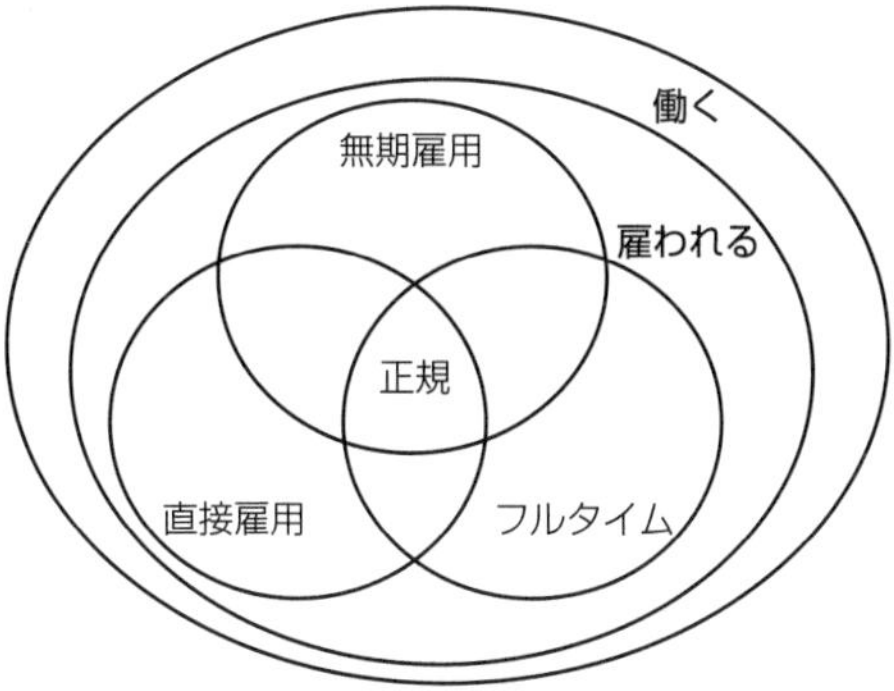

図2-2　7種類ある非正規雇用

答えは7種類です。

まず三条件のそれぞれを満たす場合と満たさない場合があるため、働き方には2の3乗、つまり全部で8種類あります。そこから正規雇用の分を引くと、非正規には全部で7種類あることがわかります。これらの関係は、言葉で表現するよりも図で見たほうがわかりやすいでしょう。

図2-2には、まず働くという枠の中に、「雇われる」という領域があります。その間のドーナツ型の領域に含まれるのは、雇われて働くのではなく個人事業主や企業経営者として働く場合です。次に雇われて働く中に、無期雇用・直接雇用・フルタイム雇用の三条件が描かれています。そして三条件のすべてを満たしている図の中心が正規雇用となるわけ

です。
この図を見れば非正規雇用には様々なパターンがあることが容易に理解できますね。例えば、正規雇用の真下の領域を見てみましょう。これは直接雇用でフルタイムであるが無期雇用ではない（つまり有期雇用）の働き方であり、多くの企業では契約社員とよばれている働き方です。他の6パターンの非正規雇用についても、それぞれがどのような働き方なのかをご自身で考えてみてください。

さてこの中で労働者にとって最も大変そうなのは、三条件のいずれも満たさない働き方、つまり派遣で有期でパートタイムのように思えます。しかしこのような働き方が常に問題だと決めつけてしまうわけにはいきません。具体例を見てみましょう。

市ヶ谷大学経済学部で学んでいる川口さんは、それなりに真面目に講義に出席しています。またサークル活動でも中心的に活動しています。毎日楽しい学生生活を送っていますが、両親から支援してもらえる生活費だけでは書籍の購入やサークル活動に使うお金が足りません。

そこで学業の合間に、短時間だけ日雇派遣として働いています。前日にスマートフォンで求人情報を確認し、空いている時間だけ働くことができるので、川口さんにとってとても都合がよいのです。また毎回履歴書を提出して面接を受けることも必要ありませんし、派遣元企業がしっかりしているので、給料の支払いが遅れることもありません。

それではこのような日雇派遣の働き方は問題だといえるでしょうか？

もちろん詳細な条件を確認しなければ「問題ない」とは断言できませんが、少なくとも川口さんが望んでこのような働き方をしていることは理解する必要があります。仮に派遣先の会社から「いますぐに契約社員としてフルタイムで働きませんか」と誘われたとしても、おそらくその提案を断るでしょう。大学の講義やサークル活動に差し支えるからです。

このケースからもわかるのは、**非正規雇用については、誰にとって・どのような働き方が・なぜ問題なのかをしっかりと理解する必要がある**ということです。なお日雇派遣は、2012年10月より原則として禁止されていますが、学生の場合などは例外とされています。

†非正規雇用の増加

非正規雇用の労働者は、人数でみても割合でみても増え続けています。総務省の「労働力調査」によると、1990年には20・2%だった非正規雇用の割合は2013年には36・7%となりました。つまり働く人のおよそ3分の1が非正規となっています。そしてこのような変化は最近になって急に起こったことではありません。図2-3を見るとわかるように、長い時間をかけて少しずつ増加してきたのです。

非正規雇用が増えた理由にはさまざまなものがあります。この点については、後で企業が正社員を雇うのはどのようなときなのかを検討した後のほうがわかりやすいので、その際に考えることにしましょう。

さて、非正規という働き方について、それだけで問題視する考え方も根強くあります。例えば「非正規の人はかわいそうだ」といった意見はメディアでもよく取り上げられます。しかし先ほど見たように、望んで日雇派遣として働く川口さんのようなケースもあります。非正規は望ましくない働き方だと決めつけるのは間違いなのです。

それでは正社員になりたいのに、そのような仕事が得られないから仕方なく非正規で働

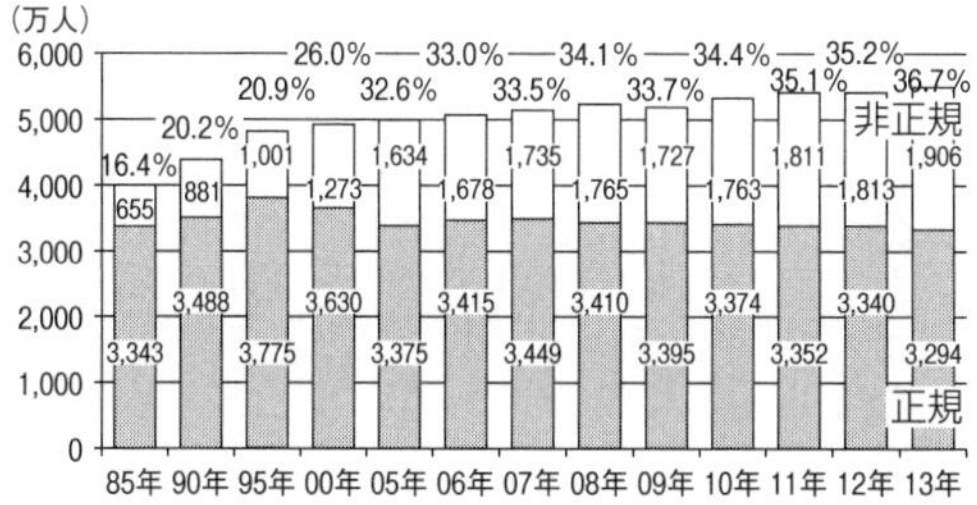

図２－３　非正規雇用の増加

いているという人はどのくらいいるのでしょうか？

　総務省の「労働力調査」では、現在非正規として働いている労働者に対して「なぜ非正規として働いているのか」を尋ねた結果が報告されています。２０１４年７~９月の結果を見ると、その理由としては、「自分の都合のよい時間に働きたいから」が25・４％、また「家計の補助・学費等を得たいから」が20・６％、そして「家事・育児・介護等と両立しやすいから」が12・２％となっています。もちろんこれらの理由を挙げた労働者についても問題がないとは言い切れませんが、**やはり注目しなければならないのは「正規の職員・従業員の仕事がないから」を選んだ17・１％の労働者**でしょう。これを性別ごとに分けると男性が25・８％、女性が13・１％となります。

　このような不本意型の非正規雇用には、どのような問題があるのでしょうか？　正規雇用の三条件のうちの無期雇用が満たされない場合に注目して考えてみましょう。

まず自分の給料で家族の生活を支える必要がある人が有期雇用のとき、収入が不安定で生活設計が立てにくいという問題があります。また若者の場合には、結婚や子育てが難しくなることも考えられます。

さらに有期雇用の場合には、労働者の技能を向上させるための投資が労使ともに不足するという点も重要といえます。会社側も、長期間働いてもらう労働者については、能力の向上のために訓練を受けさせたりするでしょうが、有期の場合にはそのような取り組みを積極的には行わないでしょう。また労働者の側も、いつまでその仕事をするのかがわからない状況であれば、すすんで能力向上に取り組もうとはしないことが予想されます。

ここで注目した不本意型の非正規雇用への対応は、できるだけ早く行う必要があります。このような今後の働き方の改革については第3章で扱います。

2 正社員とはなにか？

†正規雇用ならば幸せなのか

　ここまでは非正規雇用の問題について考えました。それでは正規雇用ならば労働者は幸せなのでしょうか？

「正規」というネーミングから、なにか「これが正しい働き方だ」と感じてしまうかもしれません。しかし、じつは正規雇用にもさまざまな問題があるのです。そこで以下では正規雇用として働くことのメリットとデメリットについて労働者の視点から考えてみることにしましょう。

　ただし、その際に注意しなければならないのは、一言で正規雇用といってもその働き方は多様だということです。例えば大企業と中小企業では、働き方が大きく異なります。また同じ大企業であっても、俗に総合職と呼ばれる働き方と一般職とでは違いがあります。

　まずは企業規模について考えてみましょう。日本企業のほとんどは中小企業です。中小企業庁の定義を用いると、企業数全体に占める中小企業の割合は99・7％であり、その中小企業が労働者全体の約7割を雇用しています。これに対して大企業の数は全体の0・3％で約3割の労働者を雇用しています。

大企業の正社員は、いわゆる**日本型雇用慣行**の下で働くケースが多いといえます。この**日本型雇用とは、定年までの長期雇用、年功的な賃金体系、そして労働組合が企業別であるという三つの性質のこと**を指しています。加えて、多くの場合には、企業側が広い人事権を持つかたちの雇用契約になっているのです。このことを指して、**無限定正社員**といいます。そして無限定の場合、仕事の内容・勤務地・残業の有無などについての最終的な決定権は会社側にあります。したがって労働者側は実質的には選べません。もちろん当事者の意向は参考にするでしょうが、やはり決定するのは会社側なのです。

ここで問題となるのは、家族の都合で残業や転勤ができないとか、キャリア形成の観点から特定の仕事にこだわりたいといった希望を持つ人にとって、無限定正社員の働き方は望ましくないという点です。このように無限定の正規雇用として大企業で働く場合には、働き方の自由度が低いことが問題となります。

デメリットのほうから先に説明しましたが、それでは労働者にとって、大企業で正社員として働くことのメリットとは何でしょうか。

まず大企業は経営に行き詰まる可能性が低いため、より長期の雇用が期待できることが挙げられます。また比較的小規模な会社で似たような仕事をしている場合と比べて賃金が高いことや、人材を育成するための仕組みが充実しているケースが多いことなどもメリットといえるでしょう。

したがって乱暴にまとめてしまうと、大企業の正社員には、働き方の自由度が低い代わりに、ある程度は強い雇用保障があるといえます。そして**問題になるのは、働き方の自由度と雇用の安定という労働者にとって望ましい二つのことが両立できないという点**なのです（このような関係をトレードオフといいましたね）。したがって、すべての人にとって大企業正社員型の働き方が望ましいとはいえません。

次に中小企業の場合には、正規雇用であったとしても雇用保障が実質的には強くないといった問題があります。経営に行き詰まる可能性が大企業と比べると高く、また一部では乱暴な解雇が行われているという実態もあるからです。

それでは中小企業で働くことには、何もメリットはないのでしょうか。そうではありません。例えば事業所が一定地域に限られていることが多く、転勤の必要はないことなどはメリットだと言えるでしょう。

ここまで、非正規雇用と正規雇用のいずれの働き方にも問題があることを労働者の視点から説明しました。それでは次に、正規雇用がどのようなときに選ばれるのかについて、企業側の視点から考えてみましょう。

†正社員を雇う理由

(1)無期雇用

企業は、どのようなときになぜ労働者を正規雇用として雇うのでしょうか？

先ほど見たように、非正規雇用の割合は確かに年々増加しています。しかし正規雇用の新規採用はまだまだ広く行われています。これは会社側にも何らかのメリットがあるからこそ続けられているのです。

以下では、無期・直接・フルタイムという三条件のうちで最も重要である無期雇用が提示される理由についてまず考えてみましょう。

無期雇用とは、絶対的なものではないとしても会社側から労働者に対して提示される定年までの長期雇用契約のことでした。ただし労働者側は辞めることができるので、これは片務的な契約であるという点に注意してください。

企業が労働者に対して無期雇用を提示することには、大きく分けて三つの理由があります。その一つ目としては、まずリスク回避的な労働者に対して長期雇用を提示することで、企業側がより大きな利益を得られることが挙げられます。

多くの人はリスクを嫌う傾向があります。極端な例ですが、毎月の給料の支払われ方として、次の二つの形式があったとします。

①毎月の給料日には、社長の部屋に行ってコインを投げます。表が出たときには50万円もらえますが裏が出たら1円ももらえません。
②毎月の給料日に、25万円を確実にもらえます。

皆さんは、二つのうちのどちらかを選べるとしたら、どちらにしますか？

おそらく受け取ることができる金額が平均的には同じであっても、確実にもらえる25万円のほうを選ぶ人が多いのではないでしょうか。それは前者のようなギャンブルをする場合には、うまくいけばよいのですが、数ヶ月連続して収入がゼロになってしまうことも考えられるからです。収入がゼロの月が続いたら生活を維持するのは難しそうですね。

このように平均的な収入は同じでもリスクがある場合には、多くの人にとっては満足度が下がってしまうことになります。このようなリスクを嫌う好みのことを経済学では**リスク回避的**であるといいます。そして多くの人は、前者のような賭けをするくらいなら、例えば25万円よりも少し安い20万円だったとしても確実な収入を好むことが考えられます。

そして労働者が適切な努力をしたとしても成果が出るとは限らないという不確実な状況を考えると、**業績変動のリスクを会社側が一手に引き受けることにより、平均的にはより低い賃金の支払いで労働者を雇うことができる**のです。もちろん企業もリスクを嫌うかもしれませんが、個々の労働者と比べた場合には、リスクを受け入れることができる程度が相対的に高いはずです。

ここまでの話では、安定した賃金支払いを約束することで、労働者に対する平均的な賃金支払いを削減できるという説明をしました。長期的な雇用保障を行うことにも、安定した賃金を約束することに似た性質があります。企業の視点からは、労働者に対して安定を提供することによって、他の面ではより低い待遇でも優秀な人材を引きつけることができるのです。

第二の理由は、その企業に特有の技能や知識を労働者に身につけてほしいと思う場合に、雇用保障が有効だからというものです。労働者に求められる技能や知識には、多くの企業で利用可能なもの（コンピュータの使い方など）や同業他社でも活用できるもの（業界における仕事のルールへの理解など）もありますが、特定の企業の中でしか使えないものも多いのが現実です。例えば自社製品に関する知識や技術、また企業内の人間関係や仕事の進め方を把握することなどがそれに該当します。

このような企業特有の技能や知識（これを企業特殊的技能といいます）を身につけて欲しいと考えていても、ある程度の雇用保障がなければ、労働者は求められる水準の努力をしないかもしれません。なぜならその会社でしか使えない技能をいくら身につけたとしても、転職すると無駄になってしまうからです。これに対して雇用保障があれば、労働者は安心して適切な努力をすることができるのです。

第三の理由として挙げられるのは、長期雇用の場合には、仕事の内容や勤務地の決定など、労働者の働かせ方に関して、企業側がある程度の自由裁量を得られる、つまり広範な人事権を行使できる可能性があることです。これは先ほど、大企業における正社員の働かせ方として登場した「無限定」というキーワードと関連しています。

ここまで**会社側が無期雇用を提示することのメリットとして、リスク回避的な労働者と契約する上で有利なこと、企業特有の技能や知識を身につけてもらえること、そして広範**

な人事権を行使できることの3点を挙げました。これに対して、どのような場合に会社側が無期雇用を提示できる環境といえるかを考えると、まず仕事量が今後も長期にわたって増加していくこと、また技能が陳腐化しにくいことなどがその条件であるといえるでしょう。

(2) 直接雇用

次に企業が労働者を直接雇用するのはどのようなときかを考えてみます。これは反対に間接雇用、つまり派遣が選ばれる理由のほうから先に考えるとわかりやすいでしょう。

企業はどのようなときに、自社で採用するのではなく労働者派遣を活用しようとするのでしょうか？

それは採用や人事労務管理を外注することにより費用を削減できる場合です。より具体的には、採用に伴う書類審査や面接の手間を省きたい場合、また社内の人事制度を複雑にしたくない場合、そして賃金支払いの手続きを自社でやるにはコストがかかる場合などです。

したがって反対に考えれば、直接雇用になるのは、採用や人事労務管理を外部に任せるのではなく、自社で行うことのメリットが相対的に大きい場合、例えば基幹的な業務を担当する社員の場合だと考えることができます。

なお派遣が活用されるのは、人件費を切り下げるためや雇用調整が容易だからといった理由ではないことには注意してください。人件費については直接雇用であっても最低賃金まで引き下げることが可能ですし（ただしそのような低賃金で人が集まればの話ですが）、雇用調整についても有期雇用により実現できるからです。

(3)フルタイム雇用

それではフルタイム雇用が選ばれるのはどのようなときでしょうか。これについてもパートタイム労働者を企業側が求める理由から考えたほうがわかりやすいでしょう。

会社がパートタイム労働者を雇う理由としては、二つのことが考えられます。一つは労働者側が望むからというもので、もう一つは、1日の中や1週間の中で、仕事量に変動があることが理由です。

まず労働者の中にはフルタイムで働くことを希望しない人がいます。例えば家事や育児、介護等があるため、1日に8時間といった所定労働時間よりも短い時間だけ働くことを希望する労働者にとっては、パートタイムは望ましい働き方だといえます。

またスーパーマーケットのレジ業務などでは、昼前から夕方にかけての時間帯には特に仕事が忙しくなることが考えられます。このような場合には企業側が一定の時間帯のみ働いてくれる労働者を必要とすることになります。

これに対して毎日安定した仕事量がある場合には、企業側は労働者をフルタイムで雇用することを望むでしょう。なぜなら一人ならば1日8時間で終えられる仕事を、仮に二人が交代で分担するとしたら、引継の時間などのロスが発生してしまうからです。また個人用のロッカー等のスペースなどを考えても、やはり複数人で仕事を分け合うことは会社側にとって費用がかかることだといえます。

†正規雇用はどのくらい減ったのか

これまで正規雇用として労働者を雇うことに、会社側にはどのようなメリットがあるのかを考えてきました。それではどのようなデメリットがあるのでしょうか？

正規雇用の場合には、労働者の適性に合わせて可能な限り仕事を見つけることが企業側に求められることになります。これが最大のデメリットです。

正規雇用のメリットとデメリットは時代によって変化します。例えば、高度経済成長期のような時代ならば雇用保障を労働者に対して提示できたとしても、景気や企業業績の先行きが不透明になった場合や産業構造の転換スピードが加速した場合には、雇用保障を提示するのが難しくなります。

皆さんに誤解して欲しくないのは、非正規の増加について、企業が意地悪をしているわけではないということです。あくまで環境の変化に応じて、労働者の雇い方が変わってきたと理解するほうが自然でしょう。

ところで非正規雇用が大きく増えていると聞くと、当然「正規雇用がその分だけ減ったからだ」と思うかもしれません。しかしそれは間違いです。図2-3を見るとわかるように、正規雇用は絶対数では少しだけ減っていますが、それ以上に非正規雇用が増えています。

このような非正規雇用の増加はどうして起こったのでしょうか？

そのかなりの部分は、じつは自営業者とその家族従業員が減った分です。つまり家族経営の街の商店や飲食店が廃業して、コンビニエンスストアやチェーン展開される飲食店に置き換えられていったことなどが理由だと考えられます。

3　長時間労働はなぜ生じるのか？

†長時間労働の規制

　ここまでは非正規雇用がなぜ増えたのか、また非正規にはどのような問題があるのかという話と、一方で正規雇用だからといって幸せだとは限らないという話をしてきました。

　正規雇用の問題点としては、働き方の自由度についてだけでなく、長時間労働と健康被害を起こす可能性についても考える必要があります。そこで以下では、まず**長時間労働に対する現行の規制とはどのようなものか**を見ていくことにしましょう。これはフルタイム雇用について説明した際にすでに簡単に紹介しましたが、ここではもう少し丁寧に説明します。

　まず法律では1日8時間、週40時間の法定労働時間を超える働かせ方はしてはいけないことになっています。しかしこの基準は絶対的なものではなく、**労使協定**（いわゆる**36協定**）を結ぶことと法定の割増賃金を支払うことにより、法定労働時間を超えて働かせることが可能となります。つまり法定労働時間・36協定・割増賃金の三つを通じて、長時間労働を抑制しようとするのが現行の規制なのです。

この36協定で可能となる時間外労働には、1ヶ月で45時間、年間では360時間という上限が設定されています。しかし、特別な事情があるときには特別条項付きの36協定を結ぶことでさらに長時間の残業が可能となります。

それではどのくらいの割合の企業が、この36協定を結んでいるのでしょうか。2013年度の労働時間等総合実態調査（厚生労働省）によると、中小企業の43・4％、大企業の94・0％が36協定を結んでいます。また中小企業の26・0％、大企業の62・3％が特別条項付きの36協定を結んでいます。このように多くの企業において、週40時間という法定労働時間は実質的な制約とはなっていません。

次に残業代に対する割増賃金のルールについても見ておきましょう。

まず法定労働時間を超える場合には、基本となる時間給の25％の割増が必要となります。これに22時から5時までの深夜には25％、休日には35％が加算されます。また2010年4月の労働基準法改正により、月に60時間を超える残業に対しては25％ではなく50％を加算することが大企業に対して義務付けられています。この60時間を超える残業への加算は、現時点では中小企業に対しては猶予されていますが、近い将来、適用されることも考えられます。

†長時間労働と健康被害の実態

それでは先にみたような現行の規制によって、長時間労働や健康被害は抑制されているのでしょうか。うまくいっているのであれば良いのですが、そうでなければ規制の方法を変える必要があります。

まず長時間労働の現状を見てみましょう。

２０１２年の就業構造基本調査（総務省）によると、年間２００日以上働いている男性正社員のうち、25～29歳の19・６％、30～34歳の20・６％、35～39歳の19・４％が、１週間に60時間以上働いています。これは週休２日だとすると、１日当たりの労働時間が12時間以上になります。

そして週に60時間以上ということは、法定労働時間を超える残業が20時間以上ということであり、１ヶ月に80時間を超える残業をしていることになります。これは厚生労働省の**過労死認定基準**を超えている働き方です。

労災補償が認定された件数		2009	2010	2011	2012	2013
脳・心臓疾患	認定件数	293	285	310	338	306
	（うち死亡）	106	113	121	123	133
精神障害	認定件数	234	308	325	475	436
	（うち自殺（未遂を含む））	63	65	66	93	63

図2-4　労働災害の現状

この過労死認定基準では、**残業時間が疾患発症前の1ヶ月間に100時間、あるいは疾患発症前の2ヶ月から6ヶ月間にわたり月80時間を超えると、業務と発症との関連性が高い**とされています。ただしこの基準を超えたらすぐに皆が健康を害するというわけではなく、あくまで健康被害があった場合に関連性が高いと考えられる基準である点には注意してください。

次に過労による健康被害の実態をみてみましょう。

図2－4にまとめられている厚生労働省の「脳・心臓疾患と精神障害の労災補償状況」によると、まず労働災害によるものとして補償が認められた脳・心臓疾患は毎年300件前後であり、そのうち死亡したケースは毎年100件以上となっています。これを見ると、長時間労働による労働災害が減っていないことがわかります。

また下段の精神障害に対する労災補償は、毎年300件前後でしたが2012年度に475件と大幅に増加しました。そのうち自殺（未遂も含む）の件数は、例年70件弱であったのが2012年度は93

件と増加しています。そして、これらの数字はあくまで請求があった中で支給が決定されたものだけであり、実際はこれよりも多いことが考えられます。

このような現状を見ていると、労働時間に関する規制は、うまく機能しているとは言えません。しかし具体的にどのような規制改革が必要なのかについては、働き方の未来を考える第3章で扱うことにして、ここでは労働時間の規制が必要となる理由について整理しておきましょう。

†なぜ長時間労働が行われるのか

そもそもの疑問として、**なぜ健康被害をもたらすような長時間労働が行われてしまうのでしょうか？**

以下ではこの問題を、仕事を命じる上司と実際に働く労働者という両方の視点から考えてみましょう。長時間労働の発生原因がわかっていなければ、対策がとれないからです。

まずは労働者側から考えます。

第1章で考えたような働く時間の長さを労働者自身が選べる状況を想像してみてください。このようなときには、限界収入と限界費用の釣り合うところまで働くのが本人にとって望ましい選択だということを説明しました。このとき人によって6時間労働を選ぶかもしれませんし、8時間労働を選ぶかもしれません。

しかし、正社員として働く場合には、通常は自分で労働時間を決めることができません。たいていの場合は会社側が設定した標準的な労働時間(例えば8時間)を働くことが求められますし、それに加えて必要な時には残業を命じられます。そして仮にそのような働き方を望まないのであれば、収入の安定が望めない非正規雇用を選択せざるをえないというのが実際のところです。

ここで重要なのは、労働者が合理的な選択を行えるかどうかです。自分の健康状態を理解していて判断能力がある労働者であれば、健康を害してしまう可能性が高い長時間労働を命じられた場合には、会社を辞めるという選択ができるはずです。それにより一時的に失業状態になったり転職先では待遇が落ちたりするかもしれませんが、健康のほうが大事だからです。しかし過労死や過労自殺が少なからず発生している現状を考えると、自分の健康状態をうまく管理できない、また精神的に追いつめられて適切な判断が下せない労働者も一定程度は存在していると思われます。

労働時間の規制が必要となるのは、このような労働者の健康被害を防止する必要があるからです。

そもそも労働時間が長時間になることが必ずしも悪いこととは限りません。本人が望んで働いていて、健康被害が発生していなければなにも問題はないと考えることもできます。最近、ワークライフバランスという言葉が頻繁に使われますが、その際にはワークを抑制してライフを充実させることが正しいことだとされているように感じることがあります。

しかしそれだけが正解ではありません。仕事を通じて達成感を得ることもありますし、家族で話し合った結果として、自分は外で働くことに時間を使って、それで得たお金で子どもたちに充実した教育を与えたいと思うのも自由なはずです。

このように考えると、**やはり問題なのは、望まないのに長時間労働を強いられることや、仮に本人が望んだとしても健康を害する可能性が高い長時間労働をすることだ**といえるでしょう。

†一部の労働者に仕事が片寄る理由

続いて、仕事の割り振りをする上司の視点から考えてみましょう。

長時間労働が発生する理由としては、仕事が一部の人に片寄ることも問題です。例えば、有能な人に仕事が集中することや、責任感が強かったり頼まれごとを断れなかったりする性格の人に周囲が仕事を押し付けることは、どのような職場でも起こりうるのです。

例として、皆さんが上司の立場で、次の状況に直面していたとしましょう。

得意先から急な仕事が入りました。仕事内容は、相手企業で必要となる資料の作成であり、通常なら準備に1週間くらいは必要な内容なのですが3日後までに納品しなければなりません。かなり厳しい日程ですが、この顧客との良い関係を維持するためにも、ぜひ引き受けたいと上司であるあなたは考えています。

あなたは部下のAさんとBさんのどちらか一方に、この仕事を割り振る必要があります。かなりの分量なのですが、複数人で分担するよりも一人がまとめてやったほうが仕事の内容を考えると効率的です。さて二人のうちのどちらに依頼するべきでしょうか？

なおAさんとBさんは次のような人たちです。

【部下のAさん】

とても優秀で、急に決まった仕事でも期日までに確実に仕上げてくれる。しかしすでにかなりの量の仕事を抱えていて、残業も多い。休日も頻繁に出勤している。

【部下のBさん】
仕事はそれなりにこなすが、いつも詰めが甘く、提出される書類も細かく確認しないと安心できない。しかしいまのところ手持ちの仕事も少なく、暇そうにしている。

このようなときに、あなたはどちらに仕事を頼みますか?

多くの人はこの案件を忙しそうだけれど仕事ができるAさんに頼むのではないでしょうか。上司としては、能力が高く期日までに必要な水準の結果を出せる人に重要な仕事を頼みたいと思うのは自然なことです。仮にBさんに頼んで期日までに間に合わなかったら、管理職としての自分の評価にも響いてくるからです。

ここで上司はAさんの健康状態を気にしないのでしょうか?

確かに部下に健康被害が発生したら、上司の責任問題になるかもしれません。しかし労働者の疲労は長期に蓄積していくのに対して、定期的な人事異動がある場合には、自分の部下として一緒に働く期間は限られています。このようなときは「自分の部下でいるうちに問題が起こらなければいいや」と考えてしまい、健康状態に配慮した仕事の配分が行われなくなる可能性があるのです。

また仕事が片寄ることの原因としては、上司と部下の関係からだけではなく、先ほども述べたように、労働者同士で仕事を押し付けることも考えられます。したがって健康被害の防止のためには、労使関係ではなく、社員の間の関係についても注意しておく必要があります。

ここでは長時間労働が起こることの理由としていくつかの可能性を紹介しましたが、その背景として、じつは日本型雇用も重要な役割を果たしています。次にこの点を押さえておくことにしましょう。

4　日本型雇用とはなにか?

†定年までの長期雇用

日本型雇用とは、先ほども紹介したように、**定年までの長期雇用、年功的な賃金体系、そして労働組合が企業別であるという三つの性質のこと**を指しています。これはアメリカの経営学者であるジェイムズ・アベグレンが執筆した『日本の経営』(1958年)において「日本的経営」の強さのポイントとして紹介されたものです。

ただしこのような働き方が日本中のすべての企業で用いられていたわけではありません。やはり大企業が中心であり、中小企業では三つの性質のいずれも満たしていない働き方のほうが一般的でした。なぜ中小企業で日本型雇用が実現しなかったのかについては、後で考えることにして、以下では**長期雇用**から順番にその内容を見ていきましょう。

じつは日本では、定年までの雇用契約というのは法律上できません。なぜなら期間を定めて雇用契約を結ぶことができるのは、原則として3年までとされているからです。このことについては、すでに学びましたね。

それでは「定年までの長期雇用」とはどのような意味なのでしょうか？

これは期間を定めずに雇用する無期雇用契約を結ぶこと、そして使用者側が労働者を解雇する権利の濫用を禁止すること（労働契約法第16条）の二つにより実現されているものです。

解雇については次節で丁寧に説明しますが、ここで知っておいていただきたいのは、法律上、企業が労働者を解雇することは原則として可能だということです。その上で使用者は、解雇する権利の濫用をしてはいけないということになっているのです。

さて、このような形で無期雇用が定年までの長期雇用を意味するようになったことには歴史的な経緯があります。その出発点とは、戦後の高度経済成長期に、なにしろ人手不足だったということです。

高度経済成長期とは、1954年から1973年までを指します。そしてこの時期の完全失業率をみると1％台がほとんどであり、2％台が少し見られる程度でした。2000年代の前半や2009年頃には失業率が5％を超えていたこと、また直近の2014年11月時点でも3・5％であることと比べると、とても低い数字であったことがわかります。

そもそも失業率とは、どんなに景気が良くて人手不足であってもゼロにはなりません。会社が倒産してしまい労働者が職を失うこともありますし、また適職を求めて労働者が自発的に離職することもあるからです。したがって1%台というのは、仕事を探している人は容易に仕事を見つけられるような状態だと考えてよいのです。

この時代は人手不足が深刻であったため、中学校や高校を卒業した生徒が地方から都会に集団で出てきて就職すること（これを**集団就職**といいます）が行われました。特に中学校を卒業して都会に働きに出る若者は金の卵と呼ばれて、大切に育てられたのです。またもう一つ大事なポイントは、この時代は、経験を積んで熟練した労働者のほうが若い労働者よりもほとんどの場合において質が高い仕事ができたということです。

このような環境下では、会社側は、せっかく雇って育てた社員にはできるだけ長い間働いて欲しいと考えました。そこで会社は年功賃金を採用することや勤続年数が長いほうが得をするような退職金制度を導入することなど様々な手段を使って、社員の離職を防ごうとしたのです。

ここで大切なのは、**高度経済成長期において、企業は労働者を初めから長期雇用として雇っていたのではなく、人手不足のために、結果として長期的に雇い続けていた**という点

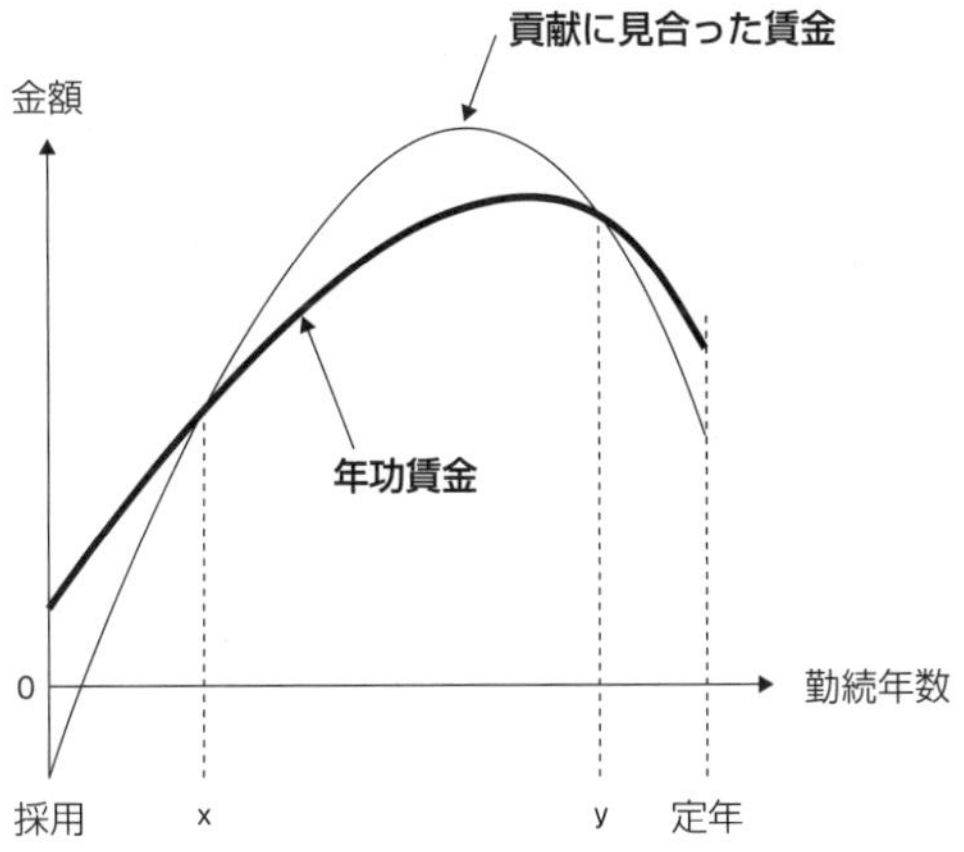

図１－５　年功賃金（再掲）

です。

年功的な賃金体系

日本型雇用の二つ目の性質は、**年功賃金**です。年功賃金とは、勤続年数に応じて賃金が増えていくことを意味しますが、大企業を中心として、多くの日本企業においてこのような賃金体系が採用されてきたことには、様々な理由があります。

まず考えられるのは、経験を積むことにより仕事をこなす能力が高まること（これを専門用語では、**人的資本が蓄積される**といいます）が理由で、勤続年数に応じて賃金が上昇するということです。

ここで図１－５を再び見てみましょう。

先にも説明したように、年功賃金は、壮年期には社内預金を行い、定年に近くなるとそれを取り戻すというような構造になっています。

なぜこのような複雑なことをやるのでしょうか？

それは企業が労働者にできるだけ長い間働いて欲しいと考えているからです。このように**定年まで働き続けたときになって貸し借りの帳尻が合うような賃金支払いの方法にしておくと、労働者が会社を途中で辞めると損してしまう**のです。

年功賃金には、また別のメリットもあります。それは労働者が不正な行為を行うことを抑止できるという点です。例えば会社に損害を与えるような行為を意図的に行った場合などに、労働者は懲戒解雇される可能性がありますが、解雇されてしまうと賃金の後払い部分を取り戻すことができません。このことから労働者は、上司から行動を頻繁に監視されていなくても、不正行為をしようとは思わなくなります。

ところで、このような後払い型の年功賃金が採用されているとき、**定年**という制度は不可欠なものとなります。いまの高齢者は元気な人も多く、また65歳までの継続雇用を義務付けるルールが段階的に導入されているため、定年を迎えたからといって会社との関係が終了するとは限らないのですが、大事なのは**定年によりそれまでの雇用契約の内容が一度**

リセットされるということです。

なぜリセットされることが必要なのかというと、定年の段階で年功賃金の総支払い額が貢献に見合った賃金の総量と一致するからです。そして図1－5の定年間近のあたりを見ればわかるように、定年を迎える時期には、労働者に対する賃金の支払いは貢献に見合った水準を上回っています。そしてこのままの水準の賃金を支払い続けると、企業から見たら払いすぎになってしまうのです。

最後に年功賃金の意味として、もう一つだけ別の解釈を紹介しておきましょう。それは**生活給**といわれる考え方です。多くの場合、若いうちにはあまりお金を使う機会はありませんが、結婚して子どもが生まれると、家賃や食費などにもお金がかかりますし教育費も負担しなければなりません。そこで生活に必要なお金をその時点で労働者に対して支払おうとすると、図のような山型になるというのが生活給の考え方です。

これは貢献度に見合っている水準かどうかではなく、必要に応じて支払うというものであり、経済合理性がない仕組みのようにも思えますが、労働者が会社に対して忠誠心を持つようになるなどのメリットがあったと考えられます。

†企業別の労働組合

日本型雇用の最後の特徴は、**労働組合**が企業別に組織されているという点です。この点を考える前に、まずは労働組合とは何かを知っておく必要があるでしょう。

労働組合とは、労働条件の向上を目的として労働者が作る団体です。日本国憲法では、労働者の団結権・団体交渉権・団体行動権（いわゆる**労働三権**）を保障しています。そして労働者は労働力の売り手として、買い手である企業側との間で、賃金をはじめとする労働条件についての交渉を行いますが、その際に団体として交渉にあたることができるというのは、とても強力な武器になります。

第1章では「交渉力が弱い人たちの団結を認めることにより、労働条件の交渉がより対等に近い形で行われる」という説明をしましたが、労働組合を組織することにより、労働者側の交渉力が増すのはなぜでしょうか？

まず一対一の労使交渉において、労働者が「そんな労働条件では生活できません。もっと待遇を良くしてくれなければ働きません」と言ったとしましょう。このとき会社側は一人が働かないだけならダメージが少ないため「それなら働かない間の給料は支払いません」と対応するだけです。

しかし労働者が団結して「待遇を良くしてくれなければ働きません」と言ったらどうでしょうか。このときは会社側も企業活動が止まってしまうことを恐れて、真剣に交渉に向き合おうとするでしょう。このような**ストライキをする権利**（**団体行動権**）**があることが、労働組合の力の源泉**なのです。

このような行為は経済活動の多くの場面においては許されていません。例えば、複数のビール会社が互いに相談した上で商品の価格をいまの水準の2倍に引き上げようとすると、これは価格カルテルとして独占禁止法に違反することになります。しかし労働者が労働組合を組織して、賃金を引き上げるために団結することは合法なのです。

ここまでは労働組合とは何かを説明しましたが、続いて本題の**企業別組合**について考えることにしましょう。まず企業別組合を日本型雇用の要素として挙げていることから予想できると思いますが、このような労働組合の姿は世界的に普遍的なものではありません。

労働組合とは、最初は職業や職能別に組織されるものでした。例えば大工さんだけを広く組織するようなものです。次に産業別組合という形態がありますが、これは同じ産業に属している複数の会社で働く労働者を組織するものであり、組合員の仕事内容が同じとは限りません。例えば自動車産業の労働者の組合を想像してみてください。その中には自動車の設計をする人や組み立てる人もいるでしょうし、総務や経理を担当する社員もいるでしょう。そして最後が企業別組合です。これは特定の企業で働く労働者だけで組織するものです。

労働条件に関する交渉を行う際に、多くの国でみられるように産業別組合が中心的な役割を果たしているケースと比較して、企業別の労働組合が交渉の主体となることにはどのようなメリットとデメリッ一があるのでしょうか？

まず企業別組合だと会社の経営状態に配慮した行動をとるようになります。過度な賃上げを要求したり、その交渉の過程でストライキを行ったりすることによって会社が倒産してしまえば元も子もありません。そこで企業の実態に合った交渉が行われることになり、労使で協調路線がとられることがメリットであると言えるでしょう。それにより企業の成長と雇用の安定に役立ったという点は評価できます。

しかしデメリットもあります。俗に御用組合などという言葉がありますが、組合の幹部が将来的には管理職として出世することも多く、労働条件の向上にそれほど熱心には取り組まないことも考えられるのです。

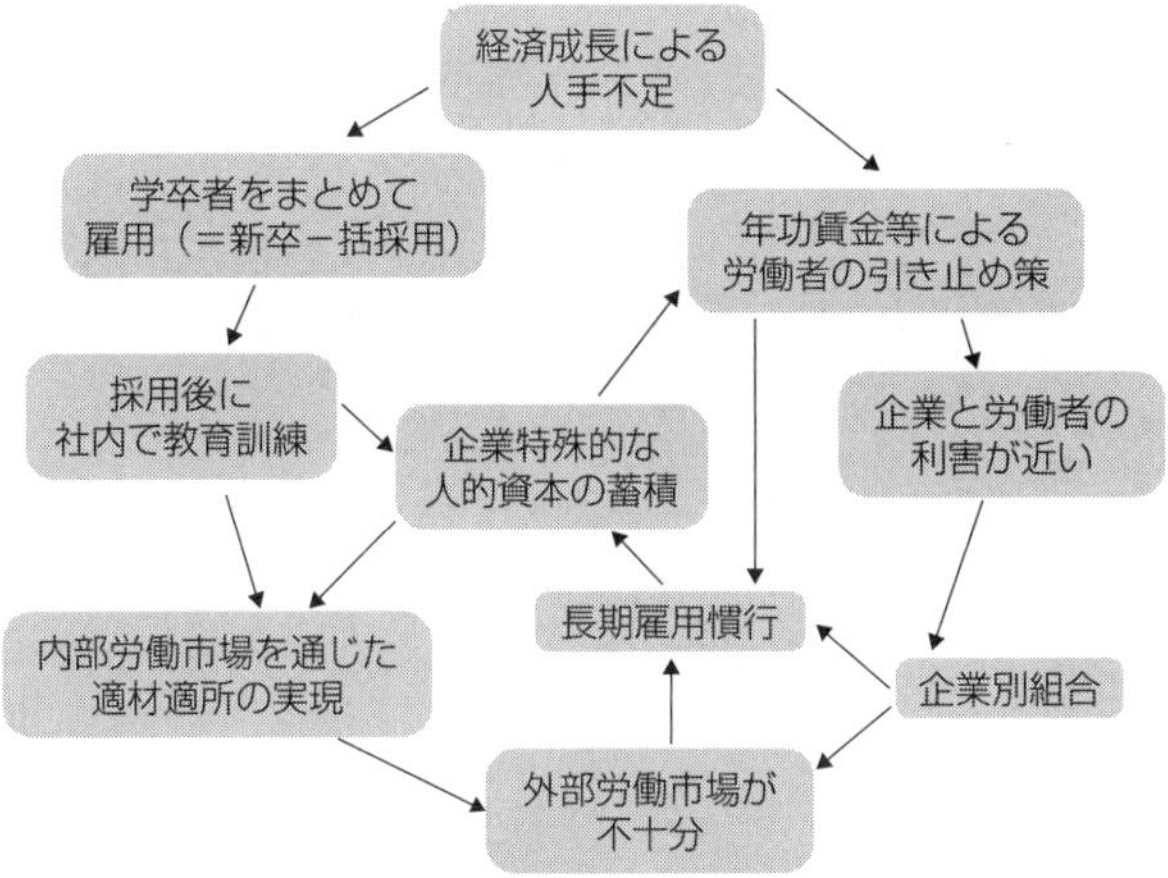

図２−５　日本型雇用の相互依存関係

これまで説明した日本型雇用の三要素は、図２−５のように、人手不足を出発点として互いに複雑に結びついています。したがってその一部だけを変えるのは難しいということは理解しておく必要があります。なお図に登場する「内部労働市場」と「外部労働市場」については、138〜140ページのコラムを参照して下さい。

†職能給と職務給

これまで説明してきた三つの特徴の他に、日本型雇用では**職能給**が用いられている点も特徴的です。職能給とは、**担当する仕事によって賃金が決まる職務給とは異なり、従業員が持っている能力に応じて賃金が決**

まる方式です。つまりこれは仕事ではなく人間に対して値段が付いているといえます。

例えば米国では職務給が一般的であり、多くの場合は同一労働同一賃金が実現しています。これは同じ仕事をしているのであれば、年齢や経験年数などに関係なく、同じ賃金を受け取ることを意味しています。

このような職務給による賃金設定は、基準が明確で公平性が高いというメリットがありますが、その一方で、仕事内容を特定して雇用されることから配置転換を通じた人材育成が難しいことや、上位の仕事に空席が発生しなければ昇進のチャンスがないこと、さらに上位の役職に就くことができなければ賃金が上がらないといったデメリットが存在します。

これに対して職能給の場合には、仮に昇進していなくても能力が向上すれば待遇が向上することから、教育訓練の動機付けの面で有利ですし、また本人の能力に応じて賃金が支払われるため、配置転換により仕事が変わっても給料が下がらないことなどはメリットだと考えられます。

それでは職能給のデメリットとは、どのようなものでしょうか。

まず能力の評価に絶対的な基準を設定するのが難しく恣意的な評価になりやすいことや、その結果として年齢や勤続年数により評価が決まってしまうことなどが考えられます。また企業の成長が一段落してシニア層の労働者が多くなった場合には、賃金が企業業績とは釣り合わない形で高止まりしてしまうことも問題であるといえます。

なお職務給の場合には、雇用契約を結ぶ際に、担当する仕事内容を特定した職務記述書(job description)を作成することになりますが、職能給型の人事評価制度の場合はそのようなものはなく、個人が担当する仕事の範囲はあいまいなものとなります。そしてこのことが前節で見たような長時間労働の原因にもなるのです。それは仕事の範囲が不明確なことから一部の人に仕事が集中する可能性があること、また自分の仕事が終わっても帰りにくい雰囲気になることなどが理由です。

†中小企業には広がらなかった日本型雇用

これまで説明してきた日本型雇用を採用することは、少なくとも高度経済成長期には労使の双方にメリットがあったように感じられます。しかしそれは大企業が中心であり、中小企業にはあまり広まりませんでした。

その理由として、まず大企業と比べて中小企業は経営が行き詰まる可能性が高いこと、また労働者の離職率も高いことが挙げられます。

経営不振になり倒産してしまうことや労働者が整理解雇されてしまう可能性が高ければ、そもそも定年までの長期雇用は実現するのが難しいでしょう。また雇用保障が比較的弱いことを前提とすれば、そもそも労働者側が年功賃金を望まないことが考えられるのです。

なぜでしょうか？

年功賃金の鍵は、賃金の後払いでした。しかし定年時まで会社が存続していて自分の雇用が維持されていなければ、後払い部分を受け取ることができません。したがって企業側が仮に年功賃金を採用しようとしても、労働者は「先のことはわからないのだから、いま支払って欲しい」と考えて、そのような会社には人が集まらなくなってしまうのです。

結果として中小企業の賃金体系は、年功賃金よりも、貢献度に見合った賃金がその時点で支払われる形に近いものでした。またそれにより会社を移っても損することがなくなると、転職が比較的簡単になります。このように**後払い型の年功賃金ではないことや転職が容易なことといった要因が組み合わされて、中小企業では日本型雇用が実現しにくい環境にあった**のです。

そして労働組合についても、中小企業の場合には、組合が組織されることを嫌う経営者が労働者の団結を妨害することなどが比較的多くあったようです。

今日でも「ウチの会社は家族的経営なので、労働組合なんていらない！」という経営者を時々見かけますが、労働組合の結成を妨害したり運営に介入したりすることは不当労働行為として労働組合法により禁止されています。ただし実効性をもたせるのは難しいのが現実のようです。

5 解雇はどこまでできるのか？

†雇用関係の終了と解雇

最近、「雇用の流動化が必要だ」といった見解を耳にすることが多いですね。また「正規雇用労働者の解雇が難しいことが理由で、企業が人を雇わない」とか「そのために日本企業が国際競争で負けている」といった主張を見ることもあります。

時代に合わなくなってきたルールをどのように変えれば良いのかを考える議論は確かにとても重要ですが、威勢の良い発言をしている人の中には、現在の法制度や規制の意味をきちんと理解していない人も多いようです。

そこで以下では**解雇**と**解雇規制**について勉強していきましょう。
そもそも解雇とはどのような行為でしょうか。これを理解するためには、まず**雇用関係が終了するのには、次のような4パターンがある**ことをおさえておく必要があります。

①雇用契約が契約に従って満了する。
②労働者と使用者が合意の上で雇用契約を解約する。
③労働者側が一方的に離職する。
④使用者側が一方的に解雇する。

それぞれについて順番にみていきましょう。

まず雇用契約に従って満了するとは、どのようなことでしょうか。

すでに説明したように、労使が雇用契約を結ぶ際には、原則として3年までの有期雇用か、期間を定めない無期雇用かを選ぶ必要がありました。そこで以下では1年間という有期雇用契約で田中さんが会社に雇われたケースを考えましょう。

まず田中さんがこの会社で働き始めてから1年経つと、契約が満了することになります。

もちろん双方の合意により契約を更新することもありますが、どちらか一方でも更新を希望しない場合には、関係はここで当然に終了するのです。これは解雇ではありません。

次に二つ目の合意解約について見てみましょう。労使が有期の雇用契約を結んだとしても、契約期間の途中で雇用関係を終わりにしたいとどちらかが考えることもあるでしょう。例えば、田中さんが、もっと他によい職場を見つけたとか、実家の家業を継ぐ必要ができたといった理由で、会社を辞めたい状況が発生することが考えられます。このとき田中さんが現在の雇用主に対して退職したい旨を申し出て、それを会社側が了承したとします。これは合意解約であり、解雇ではありません。

雇用関係が終了する三番目のケースは、労働者側の一方的な離職です。これは契約期間が満了していないにもかかわらず田中さんが会社を辞めたいと申し出たのに対して、会社側が受け入れなかった場合などが考えられます。

民法では有期雇用であっても「やむを得ない事由があるときは、各当事者は、直ちに契約の解除をすることができる」としています（第628条）。やむを得ない事由とは、例えば、賃金が約束通りに支払われない、労働条件が最初に聞いていたものと違う、家族の介護が必要になって働くことができないといったケースが考えられます。しかしこのような特別な理由がないのに一方的に退職する場合には、会社は労働者に対して損害賠償請求をすることが可能です。ただしそのような請求をすると、今後は有期雇用の労働者を採用しにくくなるなどの悪影響も考えられるため、多くの場合、会社側はあきらめるようです。

さて最後が、会社側からの解雇です。これは会社側が契約を一方的に打ち切ることですので、契約期間が定められている場合には簡単にはできません。契約をしたら守るのが原則だからです。しかし「やむを得ない事由」があれば、有期雇用の場合でも会社側からの解雇は可能です。例えば、人災害により工場が利用できなくなってしまい、再建の見通しがまったく立たない場合などが考えられます。

それでは無期雇用の場合にはどうでしょうか。

無期雇用の場合、まず契約が満了することの典型例は定年を迎えることです。このとき雇用契約は当然に終了します。

また合意解約については、例えば次のようなケースが考えられます。企業業績が低迷し、労働者の人数が過剰になったとしましょう。このようなときに、企業が割増退職金を提示することで自主的な退職希望者を募ることがあります。それに労働者が応じる場合には、双方の合意により契約が解除されることになります。

次に労働者からの離職は、無期雇用の場合には容易です。ただしいきなり辞められるわけではなく、就業規則等で定められたルールにしたがって事前に申し出ることが必要です。問題となるのは、無期雇用の解雇についてです。以下ではどのような解雇はできて、どのような解雇はできないのかを見ていくことにしましょう。

†できる解雇とできない解雇

以下では無期雇用の解雇がどのようなときにできて、どのようなときにできないのかを考えます。無期雇用とは、本来は自動更新契約のようなものであり、何もなければ継続されていきますが、当事者のどちらかが申し出れば解約が可能です。そして民法では申入れから2週間たつと雇用契約は終了することになっています。ただしこのルールは労働者保護の観点から、会社側からの解約（＝解雇）については、労働基準法により「少なくとも30日前にその予告をしなければならない」と修正されています。

ここまでの話は、会社は正規雇用の労働者を原則として解雇する権利があるという内容です。しかしこの権利は、濫用してはいけないという法律のルールがありました。それでは解雇する権利を濫用するとはどのようなことを指すのでしょうか？

解雇権の濫用を禁止するルールは1975年の最高裁判所の判断により確立されました（日本食塩製造事件）。これは現在では労働契約法第16条の「解雇は、客観的に合理的な理由を欠き、社会通念上相当であると認められない場合は、その権利を濫用したものとして、無効とする」という規定になっています。

「そんなわかりにくい説明ではなく、もっと具体的に説明して欲しい」と感じる読者が多いと思いますので、以下ではできる解雇とできない解雇を簡潔に説明しましょう。

基本となるルールは明快です。**労働者側が契約内容を守って働いている場合には解雇はできませんが、労働力の提供が行われていない場合には解雇できる**のです。

「できる解雇」には3種類あります。それは**懲戒解雇**、**普通解雇**、そして**整理解雇**です。

まず懲戒解雇とは、あらかじめ就業規則に定めた懲戒事由に当てはまる行為を労働者がとった場合に行われる解雇です。例えば、採用時に経歴詐称があった場合や会社のカネを横領した場合などが典型的な例です。このようなトラブルが起こると、周囲の人たちや上司は、もうこの人には仕事を任せられないと感じるでしょうし、この人とは一緒には働けないなどと考えるでしょう。その結果として、この労働者は、今後は仕事を契約通りにこなせないことになります。このとき労働力の提供ができないことから解雇が可能になるわけです。

次に普通解雇とは、労働者が契約で定められた仕事をできなくなった場合に行われる解雇です。例えば、仕事とは関係ない理由で病気になってしまい長期間の入院が必要になった場合には、この人は働くことができません。また何らかの理由で仕事をこなす能力が著しく低下した場合なども、労働者は契約通りに労働力を提供できないことになります。したがって解雇は可能となるのです。

そして整理解雇とは、時代の変化や技術進歩、消費者の好みの変化などの理由で、仕事がなくなってしまった場合に行われる解雇のことです。例えば、特定の事業分野からの撤退や工場の閉鎖により、企業が雇っていた労働者が不要になってしまったケースなどを想像してください。解雇の対象となった労働者はこれまで真面目に働いてきたし、まだまだ働ける能力はあります。しかし、担当する仕事がなくなってしまえば、働くことはできないのです。よってこの場合も解雇はできます。

それでは「できない解雇」とは、どのようなものでしょうか？

こちらもルールは簡単です。労働者が契約通りに労働力を提供している場合、つまり仕事があって、それをきちんと実行できている場合には、解雇はできません。「ちゃんと働いているなら、会社が解雇することはないのでは？」と思われるかもしれません。しかし現実には理不尽な理由で解雇が行われることもあるのです。具体例を見てみましょう。

ある企業経営者が考えた事業計画に対して、その問題点を部下が指摘した場合を考えてみましょう。このとき経営者が「生意気だ！」と激怒して「おまえは明日から来なくて良い。クビだ！」と言ったとします。

これはできる解雇でしょうか、それともできない解雇でしょうか？

簡単ですね。このような恣意的な解雇はできません。なぜなら契約通りきちんと働いているからです。他にも、労働者が労働組合を結成しようとしたから解雇ということもできませんし、女性が結婚したから解雇というのも許されません。

日本では解雇することが難しいと考えられています。しかし実際には**「できる解雇」はできるが「できない解雇」はできないというだけのこと**なのです。

†日本の解雇規制は厳しいのか

新聞やネット上の記事などで「日本は解雇規制が厳しい」と述べられていることが多くあります。しかし先ほど、できる解雇はできるしできない解雇はできないというシンプルなルールがあるだけだと解説しました。おそらく読者の皆さんは「どちらが正しいのか？」と疑問に思われるでしょう。

そこで以下では**解雇規制**について説明しましょう。

解雇規制とは、**使用者が労働者を解雇する場合には、法律と契約に従って適正に行うことが求められるというルール**です。そして解雇規制があるために会社側がやりたいと思っている解雇ができないという状況には、次の三つのパターンが考えられます。

一つ目は、使用者側は「できる解雇」だと思って解雇しようとしているが、客観的にはそうではないケースです。例えば、労働者が会社のお金を1億円横領したら、懲戒解雇されるでしょう。

しかし会社のボールペンを家に持って帰ったことが理由で懲戒解雇されたとしたら、どうでしょうか。それはやり過ぎだと考える人が多いはずです。また、使用者がある労働者のことを能力不足だと評価していたとしても、客観的には契約通りにきちんと働いていると判断される場合には、普通解雇はできません。

二つ目は、本当は「できない解雇」なのに「できる解雇」のふりをしているケースです。先に述べたボールペンを家に持ち帰った会社員について考えてみましょう。例えば他の人も同じようなことをやっているのに、特定の人だけが解雇されたとします。このとき、懲戒解雇を装ってはいますが、本当は別の理由で恣意的な解雇が行われようとしているのではないかと疑われることになるのです。

三つ目は、単純ですが最も大きな割合を占めていそうなケースです。それは解雇にはできるものとできないものがあることを知らずに、乱暴な解雇を行っているケースです。二つ目に挙げたような「できる解雇」のふりをすることさえしていないケースですね。

このように解雇に関するルールはまだまだ仕事の現場ではよく理解されていないという現状があります。そこで必要なのは、まずはルールの内容を周知することです。また裁判になってみないとその解雇が有効なのか無効なのかがわかりにくいという声もあるため、規制内容のさらなる明確化も必要でしょう。もちろん労使関係は、個別のケースにより異なるため、明確な基準を定めるということは不可能です。しかし、どのようなケースでは解雇が認められるのかという具体的な事例を紹介することや、どのような手続きを踏めば良いのかというガイドラインを定めることなどは有効だと思われます。

†仕事ができる人、できない人

ところで会社で働く労働者には様々な労働者がいます。例えば、同期入社の社員であっても、ある人はとても仕事ができますが、他の人はあまりできないといった能力や成果の違いがあるはずです。そして成果が仮に2倍違ったとしても、年功的な賃金体系を採用している会社においては、受け取る給料にはそれほど大きな差がつかないということもよくあることです。

年功賃金について説明したときには、採用時から定年までをみたときに全体として貢献と賃金のバランスがとれていると述べました。しかし人によって能力や成果に違いがあるため、個々人を見れば貢献と賃金のバランスが取れていない場合もあることになります。そして注意していただきたいのは、バランスが取れているというのは、あくまで平均的に見たときに言える話だということです。

図2―6には貢献度を表す三つの曲線が描かれています。これは人によって成果に違いがあることを表現したものです。

ある人（Aさん）は雇用期間全体を通じてとても高い結果を出すことができたのに対し

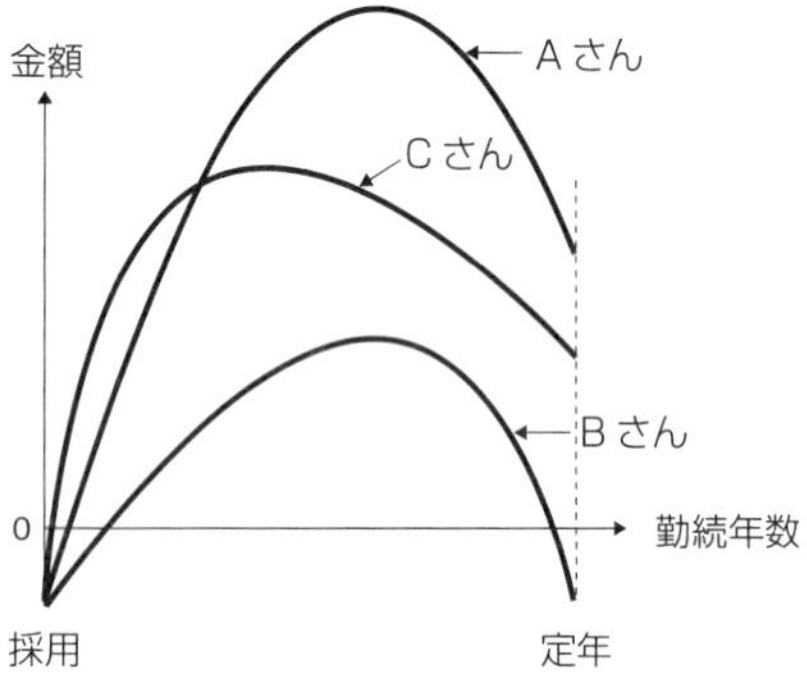

図２－６　人による貢献度の違い

て、ある人（Bさん）はとても低い結果しか出せないこと、また採用後の早い段階から結果を出していた有望な若手（Cさん）がその後に同期に追い抜かれることなどもあるでしょう。

そして、**正規雇用の労働者の中には結果的にはあまり活躍できなかった人もいるかもしれませんが、だからといって能力不足を理由に解雇することは難しい**のが実際のところです。

なぜこのようなルールになっているのでしょうか？

それは企業が労働者を正社員として雇う場合には、筆記試験や面接などの選考をしっかりと行った上で、能力のバラツキがあることは避けられないことだと納得した上で雇用していると考えられるからです。

例え話をするなら、会社が正社員を雇うのは宝くじを買うようなものです。くじには当たりも外れもあります。そして結果的に当たったものについては自分のものだとして換金しておいて、外れたものについては「損をしたから、お金を返してほしい」というわけにはいきません。人を雇うのもこれに似ていて、平均を下回る成果しか出せない労働者がいたとしても、それだけで雇用契約を解消したいと企業が主張するのは一方的すぎるといえるでしょう。

それでは能力が高い労働者はどのように考えれば良いのでしょうか。とても優れた成果を出しても賃金はそれほどの差がつかないとしたら「アホらしい」と感じるのではないでしょうか。

しかしこれも例え話で説明するなら、年功型の会社に正規雇用として雇われるのは、ある意味では保険に加入することに似ています。新卒で企業に入社する際には、労働者は自分の仕事に対する適性や会社との相性についてよくわからないはずです。そしてこの人がリスク回避的であるなら、結果的に大活躍できた場合とそこそこの成果しかあげられない場合とで、待遇の差が大きすぎないことを望むことが考えられるのです。

もちろん結果として大成功した場合には「自分の給料は安すぎる。なんで仕事ができないアイツと少ししか待遇が違わないんだ！」などと思うでしょう。しかしそれは海外旅行の際、保険に加入した旅行者が、無事に帰国した段階で「なにもトラブルは起こらなかったのだから、保険はいらなかったな。もったいなかったな」と思うのと同じことです。結果的にトラブルがなかったことは事前の保険加入という判断が間違いだったことを意味しません。誰でも事故に遭う可能性はありますし、滞在中の安心を得ているからです。

6 ブラック企業とはなにか?

†ブラック企業のどこが問題なのか

これまで日本型雇用と解雇の話をしてきました。これら二つの応用問題として、以下では、いわゆる**ブラック企業**の問題を考えてみましょう。

そもそもブラック企業とはどのような企業でしょうか。その定義は人によって様々ですが、最近になって注目されているのは、**労働者の雇用環境が劣悪であるという意味でのブラック企業**です。具体的には、例えば上司が部下に対してパワーハラスメントをする、労働者に長時間労働を強要する、そして賃金を含む労働条件が仕事に見合わない水準であるといった点が指摘されています。

これに対して、消費者をだまして利益を上げようとするなど仕事の内容がブラックだという面に注目する考え方もありますが、ここでは労働者の雇用環境の問題に絞って考えることにします。

ブラック企業の判断基準として現在用いられているものには大きく分けて2種類あります。一つ目は労働に関する法律に違反している企業です。例えば、法定労働時間を超える時間外労働を36協定なしに行わせている場合やサービス残業がある場合などが挙げられます。

もう一つは、法律違反はないものの待遇が極端に悪い企業です。2000年代に入ってから景気が悪い時期が続いたことから、労働市場は企業側に有利な買い手市場となっていました。加えて若者の知識不足を利用して、低賃金で長時間働かせる企業が問題となったのです。

ところで従来の日本型雇用を考えると、若い頃の働き方だけを見ればブラック企業のものと違いがないと感じられるかもしれません。しかし仕事がハードであっても、雇用期間の全体を見たときに、多くの人にとって仕事内容と待遇とのバランスが取れている場合にはブラックであるとは言えないでしょう。

なお、ブラックなのは本当に企業なのかという視点も必要です。企業というのは箱のようなものであり、実際にはそこで働く人の集まりです。特定の上司の下で働く労働者ばかりが健康被害を起こすことなどがある場合には、企業体質といったあいまいなことではなく、その原因となる上司の問題だと考えることも必要です。

†なぜブラック企業はなくならないのか

なぜブラック企業はなくならないのでしょうか。

まず、**なぜブラック企業が生まれるのか**という問題と**なぜ若者がそのような企業に就職してしまうのか**という問題を分けて考えることにしましょう。

まず経営者に問題があるケースに注目します。気に入らないことがあると怒鳴る経営者であるとかワンマンで横暴だとか様々な問題があるでしょう。

これらの行為は、利益を上げることを目的として意図的にやっているケース、また社員に対して「厳しい指導」をすることが正しいことだと信じてやっているケース、そして自分の行為がパワハラや違法行為であると認識せずにやっているケースなどが考えられます。

そのうちで特に注目すべきは、正しいと信じて過度な労働を行わせているケースがあることです。

注意しなければならないのは、企業経営者になるような人は一般的な人とはちょっと違うということです。日本では、プロの経営者として複数の企業を渡り歩くようなケースは少なく、自分で会社を立ち上げた起業家が経営者となるか、または社員として企業に入った人が出世して経営者になることが多いのです。

したがっていま経営者として働いている人は、起業した企業を運営するだけの能力があるか、または企業内で出世してトップまで登り詰めるだけの力があったことになります。

このような場合に、認識のずれが問題となります。経営者本人は能力が高く、仕事もできるでしょう。また努力により結果を出してきたという経験を持っています。そこで単純に「自分にできたことがなぜ他の人にはできないのか？」という不満を持つことになるのです。このとき次のように考えているのではないでしょうか。

自分はやればできた。やったからできた。しかしウチの会社で雇っている労働者は昔の自分と同じ水準では働かない。不思議だ。
なぜやろうとしないのか？　怠けているからだ！
なぜ結果が出せないのか？　結果が出るまでやらないからだ！

経営者が自分の経験だけから判断すると、このような発想になってしまうケースもあるでしょう。しかし労働者の多くは普通の人だということを経営者はよく認識しておく必要があるのです。

企業経営者は、普通の人を雇用して、うまく働いてもらうことにより利益をあげることが仕事です。良い結果が出ないのを個々の社員のせいにするのでは一方的すぎるでしょう。自由な経済活動は大事ですが、それはルールを守った上で行われることが大前提です。これはスポーツの試合でも同じですが、ルールを守らないプレイヤーがいると正当な競争が成立しないのです。そのためにも労働法と社会の仕組み、そして普通の労働者の扱い方について、企業経営者にはきちんと理解してもらう必要があります。

次に経営者ではなく、中間管理職に問題がある場合についても考えておく必要があります。パワハラをする上司などはその典型例でしょう。怒鳴ったり暴力をふるったりしている上司がいても、周囲は怖くて何も言えないケースもあると思われます。

次に、なぜ若者がブラック企業に入ってしまうのかを考えてみましょう。その理由は二つあります。まずは、その企業がブラックであることを知らないことです。もう一つは、他に仕事がないから仕方なく入るというケースです。

それではなぜブラック企業を辞めないのでしょうか。まず、転職する先が見つかりにくい場合には離職を思いとどまってしまうことが考えられます。また正社員として雇われている場合に、労働者側からの離職は無期雇用ならば可能だということがよく理解されていないことも理由として考えられます。

†どうすればブラック企業を減らせるのか

ブラック企業の問題をなくすためには、様々なアプローチが考えられます。そもそもの原因である経営者や中間管理職の意識を変えることができれば話は簡単です。しかしそれはなかなか難しいでしょう。地道な対話と啓蒙活動が必要です。

若者が知識不足なことへの対策としては情報提供が有益です。例えば法律違反をしていない限りはブラック企業として名前を公表するのが難しくても、一定の条件を満たす優良企業のほうを公表することは可能です。公表リストに名前がない企業は、労働者により避けられてしまうため、待遇の改善が不可欠となるでしょう。

しかし**最も効果的なのは、景気がよく労働市場における企業間競争が活発なこと**です。そうなれば、不本意ながらブラック企業に就職する労働者も減るでしょうし、待遇が悪い企業に入ってしまった労働者が転職しやすくなるからです。また職業訓練を通じて稼得能力を向上させることや最低限の労働法の知識を身につけることなども有益でしょう。

コラム 日本型雇用についての誤解

日本型雇用とは、長期雇用・年功賃金・企業別組合の三要素を満たす働き方のことですが、これについては様々な誤解があります。

日本の経済状態が良い時代には、経済発展の源泉として注目されましたが、景気が悪くなると、一転して悪者扱いされるようになりました。しかし少なくともその功罪は正確に理解しておく必要があります。

例えば日本は雇用の流動性が低いから問題なのであり、もっと流動化させるべきだとする意見をしばしば耳にします。しかしそれは本当なのでしょうか。日本では雇用の流動性が低いということと流動化させないといけないということの両方に対して疑ってかかることにしましょう。

まず流動化が常に良いこととは限らないことに注意しましょう。もし流動的であればあるほど良いのであれば、すべての雇用が日雇いになるはずです。そして毎日必要なだけの労働力を手に入れられるのであれば企業経営者にとって望ましいことになります。

しかしこれは現実的ではありません。毎日必要なだけの人数を雇うことができないことも考えられますし、長期的に働くことによって可能となる熟練なども期待できないからです。もちろん雇用が硬直的になりすぎるのも問題なのですが、柔軟にすれば万事解決というものでもありません。

次に日本企業は雇用の流動性が低いという点についてです。日本の大企業では、これまで正社員として新卒採用した労働者を社内で教育するという取り組みを行ってきました。そして配置転換によりいくつもの部署を経験させることで、会社内で適材適所となる場所を探すわけです。その際には勤務地や職種なども変更になることが少なくありません。

このような形式を内部労働市場といいます。これに対して企業を移ることで適材適所を実現しようとすることを外部労働市場といいます。これは中小企業では一般的です。そしてこの二つは、どちらかが優れていてもう一方は劣っているというものではなく、うまく組み合わせて活用することが必要なのです。

ただし第3章でこれから見ていくように、働き方は今後大きく変わっていきます。その際に、相対的に今よりも外部労働市場の役割が大切になっていくことも考えられます。

結論としては、日本はこれまでもある程度は雇用が流動的であったが、流動のさせ方が今後変わってくる、そのように理解すれば良いでしょう。

第3章 働き方の未来を知る

日本は少子高齢社会を迎え、これから人口がどんどん減っていくことになります。現在、日本の人口は1億2700万人ほどですが、2060年には9000万人を下回ることが予想されています。その際に、各世代が均等に減っていくわけではありません。現役世代の減少割合が大きい形で人口構成が変化していきます。したがって**これからは、労働力の減少が問題となる可能性が高い**のです。

これに対して、機械化の進展により仕事が減ることも心配されています。これまで人間が行っていた仕事が機械によって置き換えられてしまうことが現実の問題となってきたからです。また産業構造の転換や技術進歩のスピードが増したことにより、**長い労働人生において同じ仕事を続けていればよい時代ではなくなってきた**ことへの対応も必要です。

これから私たちの働き方はどのように変わるのでしょうか。変化の方向性が見えていなければ、不安を感じるはずです。そこで第3章では、**働き方がこれからどのように変わるのか**について、一緒に考えてみましょう。

1　少子高齢社会が到来する

†生産年齢人口の減少

私たちの働き方がこれからどのように変わっていくのかを考えるためには、今後の日本社会の先行きについて知っておくことが必要です。将来については不確実なことやわからないことがたくさんありますが、かなり確実に予想できることもあるのです。

まず確実なこととして、これから日本の人口はどんどん減っていきます。

国立社会保障・人口問題研究所の推計によると、２０６０年には総人口が９０００万人を割り込むことになります。その際には人口が世代間で均等に減少するわけではありません。15歳から64歳までの生産年齢人口はおよそ10年で１０００万人のペースで減っていくのに対して、高齢者の人数はほぼ横ばいであり、結果として、その頃には65歳以上が人口に占める割合は40％近い水準となるのです。

そこで将来的に問題となるのが労働力の不足です。

現役世代の割合が減ってしまうと、少ない働き手で多くの人たちの生活を支えなければならないからです。このように書くと、「高齢者には蓄えた資産があるはずだから、それを使って生活すれば良いではないか。現役世代が『支える』必要が本当にあるのか？」と考える人もいるかもしれません。

しかし高齢者なら資産を持っていると考えるのは間違いです。若者と比べて高齢者のほうが世代内の格差は大きいのです。そしてそれ以上に重要なのは、私たちが日本国内で消費する商品やサービスの多くは、保存がきかないものだという点です。

家電や車のような商品は、魚や野菜といった生鮮食品とは違って、保存がきくように感じられます。もしそうであれば今のうちにたくさん作って保存しておけば将来それを利用できます。しかしいまの社会では、家電や車などは技術進歩のスピードが速く、消費者は常に新しいものを求めます。したがって私たちが消費する商品やサービスは、必要となる時期に合わせて国内で生産するか輸入に頼る必要があるのです。

その中でも、例えば医療や介護といった直接的な接触を伴うサービスは、少ない働き手によりリアルタイムで提供される必要があります。このような将来を見据えると、これからは人手不足の問題にやはり真剣に向かい合うことが求められます。

雇用政策においては、長い間、失業問題への対策が中心として議論されてきました。しかし今後は、いかにして働き手を増やすのかを考えなければならない時代が到来すること、また働き方に関する政策もその観点からの見直しが必要となることは知っておく必要があるでしょう。

働き方の未来① 近い将来、労働力の不足が問題とされる時代が来ます。

†働くことができる人を増やす

今後の人口減少社会において、より多くの財・サービスを生み出すためには、どのような対策をとることが必要になるでしょうか。そのための手段は二つあります。まず働き手の数を増やすこと、そして一人当たりの生産性を高めることです。

働き手を増やすための施策としてすぐに思いつくのは、働く高齢者と働く女性を増やすこと、また外国人労働者の受け入れです。それぞれについて順番に見てみましょう。

(1) 高齢者の活躍

高齢者とは何歳以上のことを指すのでしょうか。多くの場合、世界保健機関（ＷＨＯ）の定義に従って65歳以上のようです。しかしひとことで高齢者と言っても、昔の60歳代と今の60歳代では精神面でも健康状態でも大きな違いがあります。今は働く意欲があり元気な高齢者も多いのです。

そこで働くことができる健康な高齢者には、できるだけ生産する側として活躍してもらうことが検討されています。そのために必要なのは、雇う側と雇われる側の双方への動機付けです。

まず企業側に対しては、改正高年齢者雇用安定法により、65歳までの継続雇用が義務付けられることになりました。これは年金支給開始年齢の引き上げとタイミングを合わせる形で、２０１３年から２０２５年にかけて段階的に実施されます。

なおここで義務となった継続雇用とは、定年の延長だけを意味するのではありません。その他に定年の廃止と継続雇用制度の導入という二つのやり方があります。そして多くの企業では、定年により一度雇用関係を終了させた上で再雇用をするという継続雇用の仕組みを採用しているようです。

またこの継続雇用制度というのは、定年を迎えた労働者を企業が必ず雇い続けなければならないということではありません。あくまで雇用機会を提示すれば良いのであり、定年前と比べて仕事内容の変更や賃金の引き下げも可能です。したがって労働者側が「そんなに待遇が悪化するなら、再雇用してもらわなくても結構です！」と言って、再雇用を望まないこともあります。また、そもそも働き続けることを望まず、定年でリタイアしたいと考える人もいます。

このような高齢者雇用の仕組みをうまく機能させるためには、現行の継続雇用制度があればそれだけで十分だというわけではありません。例えば、定年前までに担当してきた仕事内容に応じて、どのような仕事を継続雇用時に担当してもらうとうまくいくのかといった成功事例についての情報を蓄積し、広く提供することなどは有益でしょう。

それでは労働者側に対しては、どのような動機付けが必要なのでしょうか。これは高齢者を無理に働かせようというのではなく、あくまで働くことを望む高齢者が、本人にとってより望ましい働く場を得られるように支援することが目的です。そのためには、定年まで働き続けた会社のみにとらわれずに、適材適所を社会全体で実現することが必要でしょう。そのためのマッチング支援は、これからさらに重要性が増していく領域だと考えられます。

ところで現在65歳以上とされている高齢者の定義は今後どのように変わるのでしょうか。医療の発達などを受けて、今後は健康な高齢者がさらに増えることでしょう。そして高齢者の区分が、65歳からではなく例えば70歳以上になるなど、引き上げられることが予想されます。

これから健康でいるうちは働くのが当たり前の時代が来ることは、おそらく避けられないでしょう。ハッピーリタイアとか隠居などというのは、なかなか手の届きにくいものになりそうです。

働き方の未来②　高齢者とされる年齢が引き上げられるだけでなく、働けるうちは働き続けることが今まで以上に当たり前になります。

(2)女性の活躍

次に女性が働くことを妨げている要因について考えましょう。わかりやすいものから見ていくと、まず現行の税制や社会保障制度には女性の労働を抑制するような仕組みが存在しています。

結婚して配偶者がいる場合、夫婦どちらかの年間の所得金額が38万円までの場合には納税者は配偶者控除をうけることができます。この38万円というのは所得であり、給与のみの場合は収入から必要経費分に相当する給与所得控除65万円分を引いたあとの数字ですので、38＋65＝103万円を超える給料を受け取っているかどうかが控除を受けられるかどうかの基準となります。これを「103万円の壁」と言い、収入がここまでにおさまれば一定の所得控除が受けられます。また、この基準を超える収入を得ていても、所得が76万円未満である等の条件を満たしている場合には、配偶者特別控除を受けることができます。

これは性別に関係なく受けられる税制面での優遇措置です。しかし夫がフルタイムで働いていて妻はパートタイム労働の場合が多いことを考えると、年末が近づくと女性が労働時間を減らすなどして就業調整を行うなど、そもそもフルタイムで働こうとしないことの原因となり、女性の社会進出を抑制するものだとされています。

もう一つの壁だと言われているのが、年収130万円です。収入がこの水準を超えると配偶者の扶養から外れて社会保険料が自己負担となります。国民年金や国民健康保険の支払い義務が発生するため、この水準を超えるとかえって手取りが減ってしまうという逆転現象が起こるのです。そしてこのことも就労を抑制する要因となります。

これらの「壁」については、以前より問題視されてきました。働き方に対して中立的な制度の導入が必要だという主張は正論なのですが、世間の主婦層より猛反発をうけることを恐れる政治家は、いざ議論しようとすると及び腰になってしまうようです。しかしこれからの労働力不足を考えると、そろそろ真剣に取り組むことになるでしょう。

ところで総務省の「家計調査」では、夫婦と子供二人の四人で構成される世帯のうち、賃金を得る仕事をしているのが世帯主一人だけの世帯のことを標準世帯とよんでいます。これは男性正社員と専業主婦の組み合わせのことを意味することが多いと思われますが、このような家庭内役割分担が、少なくともある時代には標準的と認識されていたのです。そしてこのような役割分担を前提としたさまざまな仕組みが構築されてきました。

しかしこれからは、性別を問わずに働く意欲と能力がある人が長期にわたって働くことができることを実現させる必要があるでしょう。

ここまでは税制や社会保障の面を見ましたが、女性の就労を妨げるものは他にもあります。例えば育児や介護などを理由として女性のキャリアが望まない形で途切れてしまう問題も重要です。２０００年より施行された介護保険制度の導入は、介護を家族が行うことを当然視するのではなく、社会全体で負担しようとするものですが、これには実質的には女性の社会活動を後押しする意図がありました。また保育所等の不足により待機児童が多く、子どもの世話をするためには仕事を続けられないといった問題もよく耳にします。保育所等の整備が不可欠だといえるでしょう。

働き方の未来③　妻や夫が専業主婦（夫）をしているというのは、とても贅沢なことになるでしょう。税金や社会保険料の負担についての優遇がなくなり、夫婦の共働きが当たり前の社会になります。

(3)外国人労働者の活躍

現在、移民や外国人労働者の受け入れについての議論も進められています。国内で働き手が不足しているなら、海外から人を連れて来ればよいというわけです。そして移民を積極的に受け入れているカナダやオーストラリアのような国も実際にあります。

しかし諸外国の経験から、移民や外国人労働者の受け入れにはさまざまな困難が伴うことも知られています。例えば言語や生活習慣の違いを理由として、移住した地域で暮らすことに困難を覚える人が多いようですし、子どもの教育問題などでも苦労するようです。

現時点では、日本は外国の単純労働者を受け入れていません。受け入れるのは、あくまで高い技能を持った人に限られるとされていますが、実際には外国人研修生や技能実習生として単純労働者の受け入れが行われています。しかしこのような形での受け入れは、対象となる働き手が労働法による保護の対象外となるなどの問題があります。

外国人労働者や移民の問題はまだまだ結論が見えていません。今後さらに功罪の両面で検討を続ける必要があるでしょう。

働き方の未来④　労働力不足への対処として、外国人労働者や移民の受け入れが真剣に議論されるようになります。しかし諸外国での経験も踏まえて、なかなか議論はまとまらないでしょう。

(4)労働者の保護

働き手を増やすという視点からは、他にも考えておくべき重要な取り組みがあります。

それはいま働いている労働者を保護することです。なぜ労働者の保護が働き手を増やすことにつながるのでしょうか？

それは長時間労働などにより健康被害が発生して、労働者が働けなくなることは、労働力が減ることを意味するからです。また労働者が健康被害を受けることは、社会全体で支えなければならない人が増えることも意味します。これとは反対に、労働者が使い潰されないようにすることは、労働力を維持することにつながります。健康被害の防止は、単に弱者保護の観点から必要だというだけでなく、労働力不足への対処という視点からも重要なのです。

一人の人間が生まれてから働き手となるまでの間には、保護者が時間とお金をかけて育ててきたという経緯があります。また肉体的・精神的な成長のための本人の努力なども不可欠でしょう。加えて、一人の人間を育てるためには学校教育なども含めて多額の税金が投入されています。このように考えると、貴重な人材を健康被害等により失ってしまうことは効率性の観点からも望ましくないのです。

第2章でも説明しましたが、現在の労働時間規制では長時間労働と過労による健康被害を減らせていない実態があります。

現行の規制では不十分だとすると、どうすれば良いのでしょうか？

その解決策として、長時間労働に対する直接的な法規制の必要性が議論されています。これは労使が合意したとしてもそれ以上は働かせてはいけない労働時間の上限を設けることを意味します。ただし仕事の負荷は当人の健康状態や職種などに応じて異なること、また規制により人々の自由な選択が阻害される副作用が存在することから、医学的な根拠に基づく形で最低基準を定める規制でなければなりません。例えば、ドイツでは管理職ではない労働者を1日に10時間を超えて働かせてはいけないという法律がありますが、日本でこのルールをいきなり導入するのは難しいでしょう。

またホワイトカラー労働者の場合には、労働時間の把握が難しいのが現実です。職場を離れて帰宅しても「あの仕事はどう進めようかな……」などと仕事のことを考えたり、今後の仕事に役に立つ勉強を自主的に行ったりするなどが可能だからです。

そこで労働時間の把握が難しい労働者の健康対策については、労働時間の上限規制ではなく、他の健康確保措置のほうが有効だと考えられます。例えば、2014年6月に労働安全衛生法が改正され、従業員数が50人以上のすべての事業所に対して2015年12月よりストレスチェックの実施が義務付けられることになりましたが、健康状態の確認を実効性のある形で確立することが求められます。

働き方の未来⑤　職種に応じて労働時間の上限が設定されます。また実質的な労働時間の把握が難しいホワイトカラー労働者に対しては、より頻度の高い健康状態のチェックが義務付けられるようになるでしょう。

†生産性を向上させる

より多くの財・サービスを生み出すための方法として、これまでは働き手の数を増やすことを考えました。次に、一人当たりの生産性を向上させることを考えましょう。そのためには、職業訓練を充実させること、また労働移動の支援という2種類の取り組みが行われる必要があります。

(1)職業訓練

職業訓練とは、就職するために必要な技術や技能を身につけるための取り組みです。雇用保険を受給している失業者は、公共職業訓練を無料で受けることができますし、そうでない人も求職者支援法に基づく訓練を受けられます。

このような訓練のメリットとして、まずこれまでできなかったことができるようになることで、求職者が仕事を見つけやすくなる効果が期待されます。また賃金などの労働条件の向上に繋がることも考えられます。

ところで、このような職業訓練は、なぜ労働者本人の自助努力にまかせておくのではなく、公的に実施されているのでしょうか？

それは技能不足の失業者であっても、資金制約などが理由で訓練を受けられない可能性があるからです。そして適切な取り組みが行われるための動機付けにも配慮しつつ、訓練を受ける間の生活費の給付や貸与なども実施する必要があるのです。

働き方の未来⑥　普通の労働者が、仕事を得るために公的な職業訓練を受けることや、その際に生活支援を受けることが一般的となります。

(2)労働移動

次に労働移動の支援について考えましょう。そもそも労働移動とはどのようなことでし

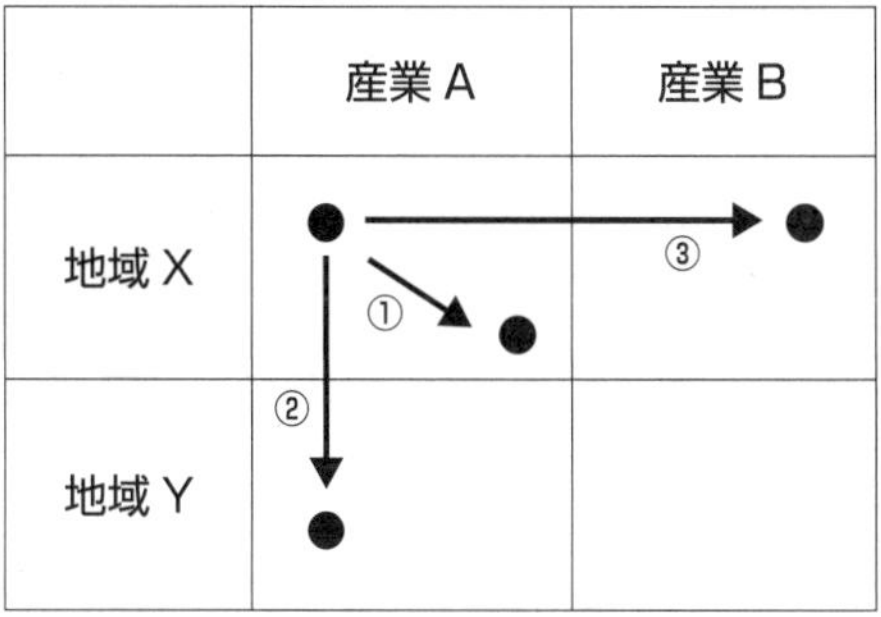

図３－１　労働移動

ょうか？

労働移動とは、労働者が仕事を移ることです。それは図３－１の①のような、同じ地域に立地する同業他社への転職だけではありません。地理的な移動を伴うもの（図の②）や産業を移動するもの（図の③）などもあります。また同じ企業内でも、配置転換により、仕事が変わったり勤務地が変わったりすることもあるでしょう。これらもすべて労働移動に含まれます。これまで例えば大企業においては、企業内で配置転換を通じて適職を探すという内部労働市場の活用が行われていましたが、中小企業では労働者の転職という外部労働市場を通じた適材適所の実現が図られていました。

さて労働移動が必要になるのはどのようなときでしょうか。それは雇用にミスマッチがあるときです。ミスマッチがあるとは、複数の労働市場間で労働者が適切に配置されていない状態や、一つの労働市場内であっても各企業に労働者が望ましい状態では配置されていない状態のことを指します。言い換えると、社会全体で見た適材適所が実現できていないということです。

例えば、ある地域において一般的な事務職は人手が余っているのに、医療や介護分野では人手不足ということがあるかもしれません。このとき事務の仕事を探しているが職がない人や、事務の仕事をしていても医療介護分野に適性のある人が、その業界で働くことができれば、社会的に見て望ましいことだと言えるでしょう。しかしそのような労働移動がいつでも実現するとは限りません。

賃金が生産性に合わせて柔軟に変更可能であり、労働移動に費用がかからなければ、社会全体で見た適材適所が実現するでしょう。それぞれの労働者がもっとも活躍できる職場がもっとも高い賃金を提示することになり、労働者がそれを受け入れるはずだからです。

しかし現実には、このようなストーリーが常に成り立つとは限りません。それにはいくつかの理由があります。まず賃金には一度引き上げたらなかなか下げられないという下方硬直性があります。このとき労働者が現在の貢献度に見合った水準よりも高い賃金を受け取っている状態が起こる可能性があります。そのような労働者は現在の会社から他のところへ移動したいとは考えないでしょう。

また現在働いている会社の賃金体系が年功型である場合には、労働者は転職しようとは思わないかもしれません。年功賃金の場合、途中で退職すると損することが多いからです。また退職金も、定年まで働く場合と比べて自己都合で退職する場合には大幅に減額されることが一般的です。

ここまで本当は別の仕事の方が適性があるのに、移動しない人のことを考えてきました。しかしそれ以上に問題なのは、本当ならば良い関係を築けるはずの会社と労働者が情報不足によりなかなか出会えないことです。

したがって外部労働市場におけるマッチングの支援として、雇用仲介事業を担う民間の人材サービスとハローワークなどの公的支援の適切な役割分担が求められます。その際に、民間事業者を積極的に活用して、リソースが限られた公的支援は、民間では成立しない分野に集中的に投入すべきでしょう。

また同時に、過去にどのような仕事をしていた人が別のどのような仕事で活躍できているかといった転職の成功事例についての情報提供をすることの重要性は、今後さらに増すことになります。それは、これまで存在していた仕事が失われる可能性が高くなってきたことが理由です。次節では、この点について考えてみましょう。

働き方の未来⑦　労働移動を支援するために、雇用仲介事業を担う民間の人材サービス事業者とハローワークなどの公的機関の役割が今まで以上に重要になります。

2　働き方が変わる

†機械により失われる仕事

働き方の未来を考える上で、働き手の減少に加えて、もう一つ重要なことがあります。それはこれまで人間がやっていた仕事の一部が機械により置き換えられてしまう可能性です。これを技術的失業といいます。

例えば現時点では実験段階の自動運転自動車が今後実用化されるようになると、バスやトラック、タクシーのドライバーの仕事が失われてしまうのではないでしょうか。そうなったら、これまでドライバーとして収入を得ていた人は、どうすれば良いのでしょうか？

このような技術面の変化は昔からありました。そして機械によって人間の仕事が奪われるという懸念も以前からあったものです。例えば1800年代初頭のイギリスでは、ラッダイト運動といわれる機械の打ち壊しが行われました。産業革命により紡績機が発達することで労働者たちが仕事を失うことを恐れたからです。そして比較的最近の事例を考えると、例えば駅の改札で切符を切っていた駅員さんの仕事は自動改札機に置き換えられました。またファミリーレストランでも人間のサービスではなくドリンクバーが設置されている店が増えています。

しかし、これまでは技術進歩で失われる仕事よりも増える仕事のほうが結果的には多かったのです。例えば、自動車が発達したことで馬車の御者の仕事や馬の世話をする仕事は失われましたが、自動車の製造、販売、整備など、より多くの仕事が生まれたからです。

しかし2013年に邦訳が出版されたブリニョルフソンとマカフィーの『機械との競争』（原書は2011年出版）では、急速な技術進歩により機械が人の仕事を奪う可能性について、真剣に議論されています。その結論は、教育訓練をきちんとやることで、機械にはできない仕事を人間がやればよいというものですが、不安は強いようです。

私が子どもの頃には、21世紀は技術が進歩してロボットが働く社会が実現しているという未来予想図がありました。人間は少しだけ働けばあとは好きなことをしたり遊んで暮らしたりできるような生活が予想されていたのです。

しかし現状では、多くの人が自分の仕事を失うことを恐れています。そして雑誌などで「これから消える職業」が特集されるなど、この問題に注目が集まっています。私たちは、自分の仕事の先行きについて考えるだけでなく、中長期的には、仕事を持たない人でも生活していけるように、例えばベーシックインカムなどの再分配の方法について、本格的に検討することになるかもしれません。

働き方の未来⑧　機械により人間の仕事が失われる可能性がいままで以上に高くなります。

†人口の減少と仕事の減少

さてこれまで人口の減少と仕事の減少について述べてきました。あなたはどちらのスピードが速いと思いますか？

どちらが速いかによって、私たちの働き方は大きく変わってくることになります。仮に人口減少のスピードのほうが速ければ、全体的にみて人手不足が起こります。それにより労働者の待遇が向上する可能性があります。しかし労働力がボトルネックとなり、私たちの生活では商品やサービスが不足し、また価格が高止まりすることも考えられます。

これに対して仕事の減少のほうがスピードが速ければ、これからも失業の不安から労働者は逃れられないことになります。限られた数の仕事を労働者が奪い合うことになるからです。

これら二つのシナリオのうち、どちらが起こる確率が高いでしょうか？

おそらく前者の人手不足のほうが起こる可能性は高いと思われます。それはこれまでも機械化による仕事の減少よりも新たに必要となる仕事のほうが多かったこと、またそもそも機械では置き換えられない仕事も多いことが理由です。機械に置き換えられない仕事とは、例えば人間が直接的に行わないといけないもの、また現在の技術水準では人間がやったほうがまだ優れている仕事などを指しています。

働き方の未来⑨　人口の減少と仕事の減少の相対的なスピードにより、これからの働き方に大きな違いが生まれます。おそらく人口減少の効果のほうが大きいため、労働力を維持するための対策を考える必要があります。

†「雇用の安定」と失業なき労働移動

一つの仕事に集中して取り組み、熟練度を上げていけば、待遇と生活水準が向上していく時代は終わりを迎えつつあります。これからは長い労働人生の中で多くの人が働き方や仕事の内容を変えていかなければ生活を維持できない時代が到来します。

このように考えると今後は雇用の安定という言葉の意味も変わってくるでしょう。

これまでは大企業に正社員として勤めることや公務員として働くことが安定を意味していました。これに対して、今後は、会社や仕事を変えたとしても収入が途切れず、待遇が向上していくことを指して、「新しい安定」と捉える必要があります。

もちろん一つの会社での長期雇用が実現すればそれは良いことです。会社を移ったり仕事内容を変えたりすることには、労働者にもかなりの負担が伴うからです。しかし大企業でも経営状態が一気に悪化することが起こりうる時代であることを理解し、いつ新しい仕事を探す必要性にせまられるかわからないということは頭の片隅にでも置いておいたほうが良いでしょう。

もちろん公務員についても安定しているとはいえなくなります。これまで雇用は守られている公務員でも収入が変化することがありました。例えば東日本大震災の後には、一律で給料がカットされました。しかし今後は自治体の合併等により仕事がなくなったり、場合によっては自治体がなくなったりすることも考えられるのです。このとき公務員であっても免職となる可能性があります。

働き方の未来⑩　会社を移ったり仕事を変えたりすることがあたりまえとなり、雇用の安定の意味が変わります。大企業の正社員や公務員として働くことではなく、収入が途切れず待遇が向上していくことが新しい安定の姿となるでしょう。

3　雇用形態は多様化する

†無限定正社員と限定正社員

現在、政府のさまざまな会議などで働き方の多様化が議論されています。そこで注目されているのは、「多様な正社員」や「限定正社員」などといわれる働き方の普及です。以下ではこのような働き方の呼び方を「限定正社員」に統一しましょう。

それでは限定正社員とはどのような働き方でしょうか。まず正社員というからには正規雇用の三条件である無期雇用・直接雇用・フルタイム雇用は満たしている必要があります。それでは「限定」とは、何が限定されているのでしょうか。

それは勤務地、仕事内容、残業などについて、契約により限定していることを指して限定正社員といっているのです。

しかしこれは新しい働き方というわけではありません。限定正社員という働き方はこれまでも存在していました。例えば私のような大学教員は、仕事内容が限定されているので、限定正社員です。また最もわかりやすい例として、以前は一般職などと呼ばれていた銀行の窓口業務を担当する女性行員を考えてみましょう。仕事内容も限定され、勤務地も自宅から通える範囲であり、残業も原則としてないという雇用形態になっていることが多いと思われます。このような働き方は、場所・仕事・時間のすべての面で限定されているといえるでしょう。

それでは、このような限定正社員という働き方がなぜいまになって注目されるようになったのでしょうか?

それはすでに指摘したように、自由度が低い大企業型正社員と安定度が低いそれ以外の働き方とで、現状では雇用が二極化していることが理由です。このとき雇用の安定と働き方の自由という労働者にとって望ましい二つのことは両立できない関係にあります。つまり安定を求めるのであれば長時間労働や転勤などにより生活を犠牲にする可能性を受け入れる必要があり、特定の職種での熟練を求める場合や勤務地にこだわりがある場合には安定を求めることが難しいのです。

この問題への対処として、二極化している働き方の中間を可能にすることが考えられました。そして職種や勤務地、また残業の有無といった労働条件のうちの少なくとも一つについて、契約により限定がある働き方が選べるようになることの重要性が真剣に議論されるようになったのです。
限定正社員は正規雇用であるため、無期雇用です。したがって契約により特定した仕事や勤務地がある限りでは雇用が保障されるという意味で、有期雇用よりも安定した働き方が可能になります。

働き方の未来⑪　限定正社員はこれからより一般的になります。限定正社員は解雇しやすい働かせ方だといった批判等もありますが、契約にしたがって、仕事がある限りは雇用が継続されます。

†働き方のステップアップとステップダウン

限定正社員という働き方が今よりも一般的になると、他の雇用形態として働いている労働者にとっても良い影響があります。まずこのような中間形態が選びやすくなると、不本意型の非正規雇用労働者が正規雇用に移りやすくなります。

これは建物の1階と2階との間に階段を設置することに似ています。何もなければ、特別なジャンプ力を持つ人以外は1階から2階へは上がれません。しかし階段があれば、すこしずつ働き方をステップアップさせていくことが可能になります。

また中間形態が選べるようになると、働き方のステップダウンも可能になります。例えば、これまで無限定正社員として働いてきた労働者が、自身の健康問題や育児介護などを理由として仕事の負荷を少し軽くしたいと考えたとしても、二極化している現状では実現するのが難しいこともあったと思われます。そして不安定な非正規雇用になることを避けるために無限定正社員のままで無理をすると心身の健康被害が起こる可能性もあります。

これに対して限定正社員という選択肢がある場合には、一時的に中間形態を活用することにより、問題の軽減が図れるでしょう。

働き方の未来⑫　これからは家族構成や家庭内の役割分担の変化などに応じて、非正規と限定正社員、また限定正社員と無限定正社員の間での移動が普通のことになるでしょう。

†非正規雇用という働き方

これまでは正規雇用の中での多様化を考えました。これに対して正規雇用の三条件を満たさない働き方であっても、一概に悪い働き方だと決めつけることはできません。

すでに説明してきましたが、非正規雇用にはさまざまな働き方があります。正規雇用の三条件である無期雇用・直接雇用・フルタイム雇用のうち、一つでも満たさなければ非正規雇用となるからです。そして非正規雇用の労働者の中には、望んで有期雇用、派遣雇用、パートタイム雇用を選択する人もいるのです。実際に、非正規雇用として働く労働者のうちで、正規の仕事がないから非正規を選んでいるという人の割合は2割前後でした。したがって非正規だから問題だと決めつけるのではなく、働き方ごとにどのような問題があるのかを正確に理解して、その対策を考えることが必要です。

そして変化の速い時代であることを前提とすると、今後は、仮に非正規雇用であったとしても、収入が途切れず向上していく働き方を実現することが雇用政策の目的となるでしょう。

例えば派遣労働のほうが、場合によっては直接雇用よりも安定した働き方が可能になることも考えられます。確かに特定の大企業で働くことを考えてしまうと、直接雇用として働くほうが派遣労働よりも良いと思えるかもしれません。

しかし本当に考える必要があるのは、特定の労働者の視点から、二つの働き方の比較を行うことです。例えば、中小企業の直接雇用と大手の派遣元に雇用される場合とで比較すれば、会社の体力や次の仕事を探す能力面において、後者のほうが優れていることもありえるのです。

働き方の未来⑬　非正規雇用は、今後は収入が途切れず待遇が向上していく働き方を実現するための有力な選択肢の一つとなります。

†社会保障の負担

社会保障とは本来は国の責任で行うべきものです。しかし高度経済成長期に、企業は労働者を雇うための競争を通じて雇用の安定や企業年金などを充実させていきました。

そもそも社会保障とは、個人の努力だけでは解決が難しいリスク（病気や怪我、老化や死亡、失業など）に対処するための仕組みのことをいいます。そしてこれまでは例えば介護などでは家族の役割が、また失業対策や老後の生活保障などでは会社が果たす役割が比較的大きかったと考えられます。しかし未婚化や少子化の進展、また非正規雇用の増加など働き方が多様化してきたことなどを踏まえると、社会保障については、やはり国の仕事として取り組むことの重要性が高まっているといえるでしょう。

働き方の未来⑭　社会保障については、企業ではなく国の責任で行われることが次第に明確化され、直接的に行われるようになるでしょう。

4　変わらない要素も重要

†日本型雇用と年功賃金

これから働き方がどのように変わるのかだけでなく、変わらない点についても理解しておくことが必要です。例えば、日本における働き方について考えると、人によっては大幅に変わることを予測していますし、また変わらなければならないという主張もみられます。

確かに日本型雇用が難しくなってきたという面はあります。具体的には、非正規雇用の割合が増えてきましたし年功賃金の傾きも緩やかになってきました。しかし図2-5でも示したように、雇用をとりまくさまざまな仕組みは互いに複雑に補強しあう関係になっています(このことを指して、制度間に補完性があるといいます)。そしてこのような場合には、なかなか制度や慣習が変わらないし変えようと思っても難しいのです。

例えば、正規雇用と非正規雇用の関係について「ほとんど同じ仕事をしているのに、待遇に大きな違いがある」という問題、つまり同一労働同一賃金が成立していないという問題が指摘されることがあります。しかしこれは職能給という仕組みの下では避けられないことです。なぜなら仕事に対して賃金が決まっている職務給のケースとは異なり、職能給の場合には本人の能力に対して賃金が決まっているからです。したがって日本において同一労働同一賃金を実現しようとするなら、年功序列賃金などを禁止することが必要になるのです。

しかし、おそらくこれからも年功賃金型の仕事は完全にはなくならないでしょう。特に長期的に雇用を維持したいと考える大企業などでは、年功型を採用することにメリットがあるため、このような仕組みは維持される可能性があります。しかし限定正社員の普及などを通じて、少しずつではあっても、職務給型の仕事が増えていくことが考えられるのです。

働き方の未来⑮　職能給と年功賃金により長期雇用を維持するタイプの仕事はなくなりませんが減少していきます。そのかわりに職務給で雇われる限定正社員タイプの雇用形態が増加していくでしょう。

†新卒一括採用

新卒一括採用も批判されることが多い仕組みです。その問題点としてまず指摘されているのは、新卒時の景気の良し悪しが、就職活動を左右するという点です。また最初の就職がうまく行かなかった人の再チャレンジが難しい点も指摘されています。これらの問題に対処することを目的として、高校や大学を卒業してから3年以内は新卒扱いで採用することを企業に求める要望書を政府は2010年の秋に出しました。しかし、なかなか成果は出ていないようです。

そもそも企業が新卒時に一括採用を行うことには一定の合理性があります。例えば、採用時の比較選別が容易になること、また教育訓練をまとめて行えるのでコストが安いこと、そして社歴と年齢がリンクしやすいので文化的にも扱いやすいことなどです。また学生にとっても、卒業から就職まで期間があかないというメリットがあります。

このように考えると、やはり新卒一括採用もなかなか変わらない可能性が高いでしょう。これがもし政府の規制などにより実現しているルールであるなら、その規制を変更することにより企業行動に影響を与えることができます。しかし新卒一括採用は、良い労働者を他の会社よりも早く採用したいという競争から自然発生的に生み出されたものであるため、なかなか変えるのが難しいのです。

それでは新卒時に望む仕事に就けなかった人は、再チャレンジはできないのでしょうか？

そうではありません。限定正社員の活用は再チャレンジの一助となるでしょう。このような働き方を踏み台として、ステップアップを実現する可能性があるからです。例えば、最初は有期雇用で働きだした労働者が、地域限定や職種限定の正社員として雇用され、その後に力量が認められて無限定の正社員になることをオファーされるなど、さまざまなキャリアパスが考えられるのです。

働き方の未来⑯　新卒一括採用もなくなりません。しかし再チャレンジの機会は充実するでしょう。

コラム　予見可能性を高めるために

わが国において雇用制度改革が議論される際に、雇う側と働く側の両方の視点から、雇用保障についての予見可能性が低いことが指摘されています。予見可能性が低いとは、当事者間で争いになり、結果として裁判が行われたとしても、どのような結論になるのかを予測するのが難しいということです。

使用者側の視点からは、労働者を正規雇用として雇うと、経営状況が変わった場合や労働者の生産性が低下した場合でも解雇が難しいため、正規雇用ではなく非正規としての雇用を増やさざるを得ないといった主張がされることがあります。また労働者側の視点からは、違法な解雇が横行しているとか、自分の雇用保障の程度が不明確であるという点が指摘されています。

これから行われる雇用制度改革の重要な取り組みとして、解雇ルールの明確化が挙げられます。その際には金銭解決の制度化も検討されるでしょう。以下では、これらの制度改革が労使双方にとってどのようなメリットがあるのかを考えてみましょう。

まず企業側には解雇が難しいという誤解があります。そこで正当な解雇はできるが不当な解雇はできないという原則を周知すること、またどのような状態ならば解雇が可能なのかを具体的なケースに基づき紹介する明確化は有益なはずです。

例えば、整理解雇が正当なものと判断されるかどうかの基準として、整理解雇の四要素といわれるものがあります。具体的には、(1)人員整理の必要性があること、(2)解雇回避努力をしていること、(3)解雇対象者の選定に合理性があること、(4)労働者側に対しての説明や協議がきちんと行われていることが総合的に評価されることになります。

このような基準があることを理由として「日本では整理解雇が難しい」といわれることがありますが、それは誤解といってよいでしょう。第2章で説明した解雇規制の考え方からもわかるように、これらの条件は整理解雇を規制しているのではなく、あくまで整理解雇のふりをした恣意的な解雇を規制しているのです。

次に金銭解決の制度化については、一部の中小企業では、本来ならばできないはずの不当な解雇が横行しているという実態があります。これを完全に取り締まるのが難しいとするなら、「解雇の金銭解決」も検討する必要があります。これは実質的な労働者保護に繋がる点を積極的に評価する必要があります。

また、雇用政策については、守れるルールにしてきちんと守らせるという考え方も重要です。

日本では、これまで労働法がきちんと守られないという実態がありました。法律上の規制は厳しいのですが、特に中小企業では、使用者側も守ろうとしないし、労働者側も諦めているというのが現状のようです。しかしいくら文言としては厳しくても、守られないルールでは意味がありません。そこで守れるルールにして守らせることが重要になるのです。

これまで違法行為があったとしても、そのすべてをルール通りに摘発したら、企業経営が行き詰まってしまい、結果として労働者の不利益となる恐れがありました。しかしこのような不明確な状態は望ましくありません。労働法に違反する行為が摘発された際に、「他の企業もやっているのに、なぜうちの会社だけ問題視されるのか」と感じさせてしまうこと、また反省して労働者の働かせ方を改善するのではなく「次は見つからないようにやろう」と思われてしまうことは避けなければなりません。

やはり一部の大企業を対象とするのではなく、普通の企業が守れるルールを設定して、すべての企業にきちんと守らせることをゴールとするべきでしょう。

第4章

いま私たちにできることを知る

働き方がこれから変わっていくとしたら、その対策として私たちはこれから何をすればよいのでしょうか。例えば、書店の棚には経済のグローバル化を理由に英語学習の必要性を強調した書籍などが並べられていますが、**不安があるからといって間違った方向で努力しても上手くいきません。**

まじめで向上心のある人ほど、いつ何をすればよいのかについて悩んでしまうこともあると思われます。そこで第4章では、**いま私たちは何をすればよいのか**を一緒に考えていきましょう。

1 「労働者の正義」と「会社の正義」がある

†「専門家」の言うことを鵜呑みにしない

それでは、いま私たちが何をすればよいのかを考える最初の一歩として、雇用と労働に関する問題について、どのように考えれば良いのかを整理しておきましょう。

まずは信頼できる専門家の選び方についてです。

この本を手にとっていただいた読者の皆さんは、どちらかといえば働き方のこれからに関心を持っている真面目な人でしょう。そうであれば、法律や経済などの専門家が執筆した書籍に目を通すことも多いのではないでしょうか？

しかし働き方に関する問題は、専門家でも意見の違いが大きいのが実際のところです。このとき、いったいどの人の意見を信じれば良いのかわからなくなってしまうかもしれません。

なぜ専門家の間で意見の相違が生まれるのでしょうか。それには大きく分けて二つの理由が考えられます。

まず、これは例えば教育などについてもそうですが、労働問題は正確な知識を持たない人でも、自分の経験だけでなんとなく語れてしまいます。そのために、根拠に乏《とぼ》しいことや間違ったことを言ったり書いたりしてしまうこともあるのです。

信頼できる内容かどうかを確認するための大事なチェックポイントは、話している人の肩書きや知名度ではありません。大学教授だから、有名な評論家だから正しいことを言っているとは限らないのです。人事なのは、個人の経験や思い込みだけで話をしていないことが文章から読み取れるかどうか、つまり**事実とデータに基づいてさまざまな視点から話をしているかどうかを確認する**ことです。

それでは労働問題についての知識をきちんと持っている専門家であれば、考え方や主張が一致しているのでしょうか。

そうとも言えません。見解の相違が生まれるもう一つの理由は、労働問題を専門的に扱っている研究者や評論家には、さまざまな立ち位置があるということも知っておく必要があります。

労働問題を議論する人には、企業側の視点から考えている人もいれば労働者側の視点に立っている人もいるのです。具体的な例として、労働分野を専門とする弁護士について考えてみましょう。

弁護士が扱う法律分野にはさまざまなものがあります。土地の境界をめぐる争いや離婚訴訟のように法廷に立つ仕事もあれば、法律相談を受けることや企業間の契約書を確認することなども仕事です。その際に、異なる事件であれば、一人の弁護士がさまざまな立場の人のサポートをすることが普通です。離婚したい女性の代理をすることもあれば、離婚したくない男性の代理をすることもあるということです。

しかし労働問題に関しては、弁護士は企業側の立場に立つか、それとも労働者の立場に立つかの色分けがかなりはっきりしている傾向があります。もちろん場合によってどちらの立場にも立つ弁護士もいますが、あまり多くはありません。

†目的と手段を分けて考える

政策的な問題を考える際に重要なのは、目的と手段を分けて考えることです。目的が違えば取るべき手段についての評価も当然に変わってくるため、建設的な議論を行うためには、まずは想定する目的を一致させることが必要となるのです。目的が同じならば手段の優劣を検討することができます。

雇用制度の目的については、人によってさまざまな考え方があると思われます。例えば、優秀なエリート層が自由に活躍できる社会を望む人もいるでしょう。また反対に、最も困っている人々の生活の底上げを考える人もいます。これに対して筆者は、**エリート層でも最も困っている人でもなく、普通の労働者の視点から、労働条件が向上し、生活が安定すること**を政策目的とするべきだと考えています。

エリート層は、放っておいてもある程度は大丈夫です。自分でなんとかします。これに対して最も困っている人の底上げを考えることは大事なのですが、そこをターゲットとした施策を選択すると、大多数の普通の人の生活が悪化してしまう可能性があります。そこで雇用制度については普通の人を対象としておいて、困っている人に対しては、累進的な所得税や公的扶助といった再分配政策で対処すべきであると考えているからです。

†会社を悪者あつかいしない

先ほど専門家にもさまざまな立場の人がいることを説明しました。そのなかには労働者の立場から雇用制度を考える「労働者の味方」のような人も多くいます。しかし一部に労働者側と会社側の対立を煽《あお》り立てたり、会社を過度に悪者あつかいしたりする人もいるようです。しかし筆者は、このような考え方には問題が大きいと考えています。

もちろんダメな経営者もいます。しかし労働力の取引には売り手だけでなく買い手も必要です。**一方的に悪者にするのではなく、どうすればよりよい関係を築くことができるのかを考える必要があるのです。**

そのためにも重要なのは、相手の視点に立って考えてみることです。私たちは好きになった異性を口説こうとするとき、どんな所に遊びに行って、どんなプレゼントをしたら喜ぶかなどと、相手のことを考えるはずです。またテニスなどのスポーツや将棋などのゲームでも、相手がどのように考えてどのように振る舞うのかを予想して、自分の出方を考えるというのは当然のことです。

会社で働くのも同じです。自分の上司や部下の立場に立ってみて、どのように情報を伝えればわかってもらえるか、またどのように指示すれば気分よく効率的に働いてもらえるかを考えることも重要でしょう。

異なる立場から見ると、異なった正義があります。誰が見ても悪い場合には話が簡単です。悪い人をやっつければ良いですね。しかし見方を少し変えると、必ずしもどちらが悪いとも言い切れない状況が現実には多くあります。そこの利害を調整し、少しの不満は残るけれども、なんとか互いに納得できそうなギリギリのルールを作るところに労働政策の難しさがあります。

ところで政府の審議会などでも、労働者の代表と使用者の代表が話し合うと大きな見解の相違があります。なぜそのような考え方の違いが発生するのでしょうか。

それにはいくつかの可能性がありますが、筆者が考えている仮説は、労働者は使用者側の立場に立ったことがない人が多く、また使用者側は普通の労働者の気持ちがわからないことがすれ違いの理由だというものです。

大事なのは互いのことを今まで以上によく知ることではないかと考えるのですが、なかなか難しいようです。

皆さんには、まず専門家の言うことを鵜呑みにしないこと、また立場が違えば異なる「正義」があることは、注意すべきポイントとして覚えておいて欲しいと思います。

2 正しい情報を持つ

†雇用契約を理解する

いま私たちが何をすればよいのかを考える次のステップは、個々の労働者が知っておくべき知識についてです。

まずは自分が現在働いている会社での雇用契約についての知識から考えてみましょう（いまは働いていない人の場合には、職探しをする際に必要な知識として考えてください）。

皆さんは自分がどのような条件で働いているのかを正確に知っていますか？ 正社員だとか派遣労働者だといった大きな分類の話ではなく、職務内容や勤務地、労働時間、給料、懲戒処分を受ける可能性がある行為といった細かい労働条件についてです。

多くの人は自分がどのような契約をしているのかをきちんと理解していないのではないでしょうか。例えば、常時10人以上の労働者を雇っている職場では、**就業規則**を作成し、その地域を担当する労働基準監督署長に届け出なければならないことになっています。これは会社との間で特別な契約を結んでいない限り、その会社で働く全員に適用される契約であり、とても重要なものです。

そもそも就業規則は雇用契約の内容の一部なので、その企業に採用される前の段階で確認しなければならないはずです。しかし就業規則をきちんと読んだことがある人は少ないでしょう。

しかしこれはある面では仕方のないことです。内容が細かく分量も多い書類をすべての人が読みこなすというのは現実的ではないからです。

例えばインターネット上のさまざまなサービスを利用しようとすると、規約への同意が求められます。まず細かい字で長い文章が提示されて、その最後に「同意する」「同意しない」という二つのボタンが登場します。そして前者のボタンを選ばなければサービスを受けられないわけですが、多くの人は「まあ大丈夫だろう」と考えて、よく読まずに「同意する」を押してしまいます。

これは個人の視点からは合理的な行動だと言えます。皆がこのような詳細な条件を読まなくても、個人情報問題や法律に詳しい一部の利用者はきちんと読んでいるでしょうし、それにより変なことが書いてあるのが見つかったら、問題になってその内容が見直されたりもするからです。

就業規則についても、似ています。多くの労働者が働いている企業に採用される場合には、誰か他の人が重要な書類などは読んでいるでしょうし、社内で大きなトラブルが発生していないとしたら、自分自身できちんと確認しなくても大丈夫だと思うでしょう。しかしすべての人が「他の人が読んでいるから大丈夫だろう」と考えて読まなければ、誰も確認していないことになってしまいます。また実際に自分にトラブルが発生した時になってから読んでみようと思っても、読み方がわからないと困るでしょう。

そこでおすすめしたいのは、**いま働いている会社と自分との間での契約内容を一部分だけで良いので確認してみる**ことです。何が書いてあるでしょうか。例えば、どのようなときに解雇されるのかについて、２００４年の法改正以降は必ず記載されることになっていますす。気になるところだけでも読んでみてはいかがでしょうか。

†労働法の知識を得る

企業との間の雇用契約だけでなく、労働に関する法律について簡単にでも知っておくと、自分を助けることになります。これは働く側だけでなく、雇う側にとっても重要なことです。

「法の不知はこれを許さず」という言葉があります。これは刑法にあるルールで、法律を犯した時に「そんな法律があるのは知らなかった」ということは言い訳にならないということです。

労働法でも、知らなかったでは済まないこともあります。労働者の視点からは、自分の当然の権利の存在を知らないために、ひどい労働条件から抜け出せない可能性があります。例えば無期雇用の労働者について「会社が辞めさせてくれない」といった問題があったとすると、それは法律違反だということを知っているのと知らないのとでは、対処が違ってきます。

また法律の知識は、使用者側にも必要なことです。私たちは、例えば車を運転する際には、交通法規についての知識と最低限の運転技術を持たなければ免許をとることができません。しかし働くときや人を雇う立場になるとき、多くの人は働き方のルールを知らないまま現場に出てしまいます。

最低限の知識は身につけるべきですし、それは自分を助けることになるでしょう。

†誰に相談すればよいのかを知る

先ほど説明したように、私たちの一人ひとりが雇用契約の内容を完全に把握することや法律の知識を完全に持つことは非現実的です。そこで重要になるのが、**働き方について困**

ったときにだれに相談すればよいのかを知っておくことです。

まずは会社の中に相談できる人はいるでしょうか。信頼できる上司や先輩などがいれば良いのですが、相談した内容が会社側に筒抜けになってしまっても困ります。また一つの会社で働き続けていると、その会社でのローカルルールがあたかも社会一般で当然のことであると誤解してしまう可能性もあります。

そこで大事なのはやはり専門家を活用することです。労働問題を専門にしている弁護士に相談するのは有益でしょう。ただしインターネットのホームページ上で労働問題を専門分野の一つとして挙げているからといって、本当にその領域に詳しいか否かはわかりません。評判を調べてから相談する必要があります。

3 変化の方向性を知る

†働き方は変わる

私たちの働き方はこれからどのように変わっていくのでしょうか。その方向性についてアンテナを広げておくことも大切です。本書の第3章では、働き方の未来について大まかな方向性を説明しました。

なんども繰り返しますが、まずは**仕事を変えるのが当然の時代になった**ことを理解する必要があります。

テレビドラマなどで零細工場の経営者が「この仕事は俺の代で終わりだな」とつぶやく一見かわいそうなシーンを考えてみましょう。しかしこれは見方を変えると、自分がリタイアするまでは仕事があるということです。これに対して後を継がなかった息子は、おそらくサラリーマンになって、人生の中で何回か仕事内容を変えていくことになります。

そして働き方を変えるとなると、働く時間帯や勤務地を変えなければならないこともあるでしょう。サラリーマン生活であれば土日が休みの可能性もありますが、例えば店舗の販売スタッフになったら平日に持ち回りで休みを取ることになるはずです。また神奈川県に住んで東京で働いていた人が、新しい職場が千葉県になり、引っ越しが必要となることもあるでしょう。このような変化に伴い、家族との生活や子どもの教育など、さまざまな問題を同時に考えることが必要になるはずです。

†失われる仕事について考える

これからどのような仕事が失われていくでしょうか。私がやっている大学で教えるという仕事も、10年後には大幅に減っているかもしれません。インターネット上で得られる情報量の増加や通信速度の向上、また実用性のある自動翻訳機の出現といったIT技術の進化により、数人の世界的な大スター教授の講義で皆が学ぶといった時代がくるかもしれないからです。

それでは皆さんがいまやっている仕事、またこれからやりたい仕事は、どれくらい先まで安泰でしょうか。考えてみましょう。

例えば税理士という仕事は20年後にどのくらい残っているでしょうか。マイナンバー制度が導入され、商取引の記録がすべて電子化され、将来的には貨幣がなくなるかもしれません。そうすると納税などの実務も自動化されてしまう可能性があります。また翻訳や通訳といった仕事も、すでに機械化の取り組みがかなりのところまで進展しています。

大切なのは、これからの社会でどのような仕事が必要になるのかを考えることだけではありません。その仕事を自分ができなければ意味がないからです。つまりこれまでの経験や能力などを考慮して、自分にできる仕事かどうかという視点からも考えることが求められます。

†「機械との競争」をしない

米国で2011年に出版された『機械との競争』という本が、2013年に邦訳されて、日本でも注目を集めました。この本の主要なメッセージとは、教育訓練により機械との競争は乗り越えられるというものです。

これから大事なのは、機械と競争する働き方を避けることです。

まず一つの方向性は、機械を使いこなすことで、生産性がさらに向上するような仕事のやり方をすることです。もう一つは、機械では置き換えられない仕事を選ぶことです。例えば対人接客があるような仕事は、機械で置き換えることが難しいでしょう。

もちろんどちらかだけに明確に分類できるとも限りません。例えば医療や介護の仕事は、人間にしかできないことだと思われがちですが、実際のところ、機械を上手く活用している分野であると言えます。まず私たちが医師の診察を受けるときには、すでに手技だけでなく診断用の機器が多用されています。またカルテの電子化も進められています。そして手術の現場などでは、さまざまな機械が大活躍しています。

ただし仕事内容がそれほど面白いわけではなく、体力的にも厳しい仕事がこれから完全になくなるわけではありません。そしてまたいつかはなくなってしまう仕事であっても、その仕事がなくなるまでは誰かがやらなければならないのです。このような仕事については、おそらく待遇が良くなることでバランスが取られることになるでしょう。

4　変化に備える

†いま自分にできることは何か

これから働き方のルールや常識はどんどん変わっていくでしょう。しかしここまで本書を読んでいただいた皆さんには、どのような対策を取れば良いのかわかっているはずです。それは変化に対応するための心構えを持つことです。

いま自分に何ができるのかという資産の棚卸しをしてみましょう。また自分の働いている業界やこれから就職を希望する業界での仕事が、今後どのように変わっていくのかを、数年に一回は考えてみることも有益です。

自分がやりたい仕事と自分にできる仕事が一致していれば幸せです。しかしそうでない場合には、何を優先するのかを考えなければなりません。例えば、いまの仕事内容が大事なのか、それともいまの会社で働き続けることなのか、また人によっては給料や勤務地などの特定の労働条件が重要かもしれません。急な変化が訪れたときに慌てないためにも、優先順位をつけておくことや家族と話し合っておくことは必要でしょう。

†これからどんな仕事をするか

これからどのような仕事が新たに生まれるのかを考えるのはなかなか難しいことです。それができたら苦労しません。そしてこのような不透明な社会で少しでも先を見るためには、考えるための基礎体力が必要です。

そのためには、いまの仕事をきちんとこなすだけでなく、これからの変化に対応できるように、少しだけ努力をすることが必要かもしれません。例えば、週末に1時間だけでも新しいことを学ぶといった取組みをしてみてはいかがでしょうか。

またこれまでだったら手に取らなかったジャンルの本を読んでみるというのも良いかも

しれません。

そして友人の話を聞くことなども有益でしょう。自分とは関係がないと思っていた業界においてどのような人材や能力が求められているのかを知ることが、結果的に自分の仕事に役に立つかもしれないからです。またそのような知り合いの存在自体が、次の仕事につながる可能性もあります。

就職活動では、コネの存在は大事です。コネがあることは、後ろめたいことでも不正をしているわけでもありません。

人を採用する際には、会社側も真剣です。そして不安なのです。それは人を雇うということ自体にお金がかかるということも理由の一つですが、より大きいのは、仕事をチームとして行う上で、メンバーとの信頼関係や相性が成果に大きな影響を与えるという点です。

みなさんもご存知のように、採用時には学歴や職歴なども見るでしょうが、最後は「一緒に働きたい」と思える人かどうかが大事です。名刺交換をしただけとかSNS（ソーシャルネットワーキングサービス）上でつながっているだけというのではなく、信頼できる友人を持っていれば、困ったときに助けてもらえるでしょう。

†普通に働くということ

一つの仕事に100％を投入してしまうことは、リスク回避の観点からは望ましいとは言えません。しかしあまりに焦って、いろいろなことに手を出すというのも、これもまた望ましくないことです。どれも中途半端になってしまうからです。

多くの人は、なまけものです。私もそうです。小学生や中学生の頃には、新学期が始まってすぐの時期には、きれいなノートや鉛筆を使えるのが嬉しくて、授業を真面目に聞いていましたが、すぐにノートを取るのを諦めてしまい、教科書に落書きをしている時間が長かったことを覚えています。

大人になったからといって、人間はそう大きくは変わりません。いつ使うことになるかわからない英語の勉強や資格試験の勉強などを着実に進めて行くことなどは、仕事をしながらでは難しいというのが実際のところでしょう。

書店には働き方の本があふれています。しかしそのほとんどは海外のビジネススクールでMBAを取得し、経営コンサルティング会社などで働くエリートや、大企業で相当な地位まで出世した人の手によるものです。

これに対して多くの人は、エリートではありませんし、残念ながらエリートにはなれません。いまよりも少し上を目指しながら、でもいまの仕事をしっかりとこなしていく普通の人が私たちの社会を作っています。

第1章の最後に、給料を上げるためには「取り替えのきかない」存在になると良いといったことを述べました。しかしすべての人が輝ける存在になるわけではありません。このことを理解した上で、自分になにができるのかを考えてみる必要があります。

大学教員という仕事柄、大学生の話を聞くことがあります。ときどき「社会に役に立つ仕事がしたいから公務員志望です」などという学生がいます。しかしこのような考え方は間違いです。

反社会的な仕事を除けば、どのような仕事であっても誰かに望まれる商品やサービスを提供することで社会の役に立っています。企業がお金を稼ぐことに対して拒否感を持つ若者もいますが、顧客をだましているのでなければ、取引に参加する当事者は皆が得をしているはずです。

すべての仕事には、その仕事により可能となる社会貢献があります。私たちが社会において何ができるのかについて、もっと考えてみましょう。

おわりに

働くということは、私たちの生活にとってとても重要なことです。しかし、これまで義務教育や高校・大学において、働くとはどのようなことか、また労働者にはどのような権利があるのかといったことをきちんと学んだ人は少ないはずです。また仮に学んだことがあったとしても、自分のことだと考えて真面目に捉えていた人は多くはないでしょう。

しかし勉強というのは、どんな分野でもそうですが、実際に必要になったときには効率的に学習ができるのです。そう考えると、いまがチャンスです。自分の働き方と世の中の仕組みについて、少しだけでも考えてみる時間を持つことは有益なはずです。

本書では、私たちの働き方についてどのように考えれば良いのかを、法律と経済という二つの視点から紹介しました。いかがでしたか？

ここで、本書に書いてあった内容を、目次だけを見ながら振り返ってみてください。どのような内容だったか思い出せるでしょうか。

もし大まかにでも思い出せるようなら、この教科書の読者として合格点を差し上げます(笑)。

本書では様々なトピックを取り上げましたが、紙面の制約もあり重要な論点を網羅的に扱っているわけではありません。そこで本書の最後に、ブックガイドを掲載しました。もちろん好みもあるでしょうから、書店で眺めてみて、気に入ったものを選んで頂ければと思います。いずれも私が自信をもってお勧めできる本ばかりですので、ぜひ一度は手に取ってみてください。

本書を執筆するにあたり、私がこれまでに新聞や雑誌、またウェブメディアに執筆してきた記事の内容を一部活用しました。ここではお一人ずつは名前は挙げませんが、担当していただいた編集者の皆さまには感謝しています。また本書の担当編集者である筑摩書房の小船井健一郎さんには、なかなか進まない執筆作業を支援していただきました。ありがとうございました。

2015年1月

安藤至大

ブックガイド――「働くこと」についてさらに知るために

本書を読み終えた皆さんが、世の中の仕組みと働き方の現在・未来についてさらに知るために有益な書籍やウェブサイトなどを以下に紹介します。もちろんここで挙げるもの以外にも、様々な文献等を皆さんは容易に手に入れることができるでしょう。しかし本音を言うと、書店やネットで入手可能な情報は玉石混淆です。

そこで私が自信を持って紹介できるものをお知らせしたいと思い、このようなパートを最後に付け加えました。参考にしていただければ幸いです。

【書籍】

1 労働法を知る

法律についての最低限の知識は、私たちの武器になります。これは労働者としてだけでなく、自分が上司になったときに、部下に対してどのように振る舞えば良いのかを知ることにもつながるでしょう。

▽森戸英幸『プレップ労働法（第4版）』弘文堂、2013年

法律の教科書というと、読み進めるのが難しいものだと感じる人が多いのが実際のところだと思います。しかしこの本は、具体的な事例と軽妙な表現により、初学者でもとても理解しやすいものとなっています。

▽小畑史子、緒方佳子、竹内（奥野）寿『労働法』有斐閣ストゥディア、2013年

労働法について学ぶ際に、最初の一歩として知っておくべき知識を手軽に得ることができる教科書です。

▽大内伸哉『雇用社会の25の疑問　労働法再入門（第2版）』弘文堂、2010年

「会社は、美人だけを採用してはダメなのであろうか」とか「会社は、社員の電子メールをチェックしてよいのであろうか」といった具体的な疑問に対して、労働法ではどのよ

うに考えるのかが紹介されている有益な副読本です。

▽濱口桂一郎『日本の雇用と労働法』日経文庫、2011年

働き方のこれからについて考えるためには、日本の雇用慣行や法制度がどのような歴史的経緯により現在の形になったのかを知っておくことも重要です。この本では、様々な論点がバランス良く紹介されています。

2 経済学の基礎を知る

経済活動の基本は、双方の合意により行われる交換です。雇用契約も、労働力と賃金を労使が交換する取引だと考えることができます。労働問題を考える際には、「労働は他の商品とは違い特殊なものだ」と考えることもありますが、まずは他の商品と同じく需要と供給の関係により賃金などの労働条件が決まるということを知っておくと、働き方について冷静に理解することができるでしょう。

▽安藤至大『ミクロ経済学の第一歩』有斐閣ストゥディア、2013年

本書の筆者によるミクロ経済学の入門書です。経済学に初めて触れる人が、どのような点でわかりにくいと感じるのかを考えて、その疑問に応えるために執筆しました。市場の果たす役割についての解説に加えて、経済活動に対する政府による規制・介入の理由と手法について丁寧に紹介しています。

▽伊藤秀史『ひたすら読むエコノミクス』有斐閣、2012年

ミクロ経済学の考え方と使い方について知ることができる読みやすい副読本です。具体的な応用例も豊富で、「経済学ってなんの役に立つの?」という疑問に答えてくれます。

▽太田聰一、橘木俊詔『労働経済学入門（新版）』有斐閣、2012年

働き方について経済学的に扱う分野のことを労働経済学といいます。データと理論に基づいて働き方について考える際に、最低限知らなければならない話題が扱われている教科書として、本書は有用です。

▽飯田泰之『ダメな議論』ちくま新書、2006年

労働問題に限らず、経済に関しては、個人の経験や思いつきだけで議論を展開する論者も多数います。どのような議論は信じてはいけないのかを見極める上で本書は有益です。

▽若田部昌澄、栗原裕一郎『本当の経済の話をしよう』ちくま新書、2012年

経済学の考え方の基本を、著者ふたりの対話形式で紹介する読みやすい新書です。インセンティブやトレードオフといった基本的な概念を理解するのに役立ちます。

3 これからの働き方を考える

これからの数十年で、私たちの働き方は大きく変わっていくことが予想されています。高度経済成長期に形成された雇用慣行や法制度が、時代の変化によって実態に合わなくなってきたことが明白だからです。これからも現役として働く皆さんは、今後の変化の方向性を知っておくことが必要です。そして自分は何をしたいのか、また自分には何ができるのかを考えてみるとよいでしょう。

私が読んで、その参考になると考えた本は次のものです。

▽清家篤『雇用再生――持続可能な働き方を考える』NHK出版、2013年

日本の労働政策を議論する政府の審議会等でも活躍する重鎮の労働経済学者が、自身の考え方と労働政策の今後の方向性について簡潔にまとめた書籍です。この本に述べられている内容が専門家の共通見解であるとは必ずしも言えませんが、まずはこの一冊がおすすめです。

▽大内伸哉、川口大司『法と経済で読みとく雇用の世界（新版）』有斐閣、2014年

労働法学者と労働経済学者が協力して、働き方に関する様々な論点について紙上で議論をすすめていきます。法律の知識がある人にとっては経済学ではどのように考えるのか、また経済学を学んだことがある人には法学の考え方が学べる良書です。

▽常見陽平『僕たちはガンダムのジムである』ヴィレッジブックス、2012年

働き方やその変化について議論される際には、労働者のほとんどを占める普通の働き手についてではなく、一部のエリート社員や起業家の働き方に注目が集まってしまう傾向があります。本書は普通の人の普通の働き方について考えるきっかけとなるものです。

▽沼上幹『組織戦略の考え方』ちくま新書、2003年

企業や組織について、どのような問題がなぜ起こるのかを経営学者の視点から紹介した書籍です。自分の会社がどのようなトラブルの種を抱えているのかについて知り、対策を考える上でとても勉強になります。

▽E・ブリニョルフソン、A・マカフィー『機械との競争』日経BP社、2013年

私たちが未来の働き方について抱く心配事として、技術進歩により人間の仕事が失われてしまう可能性があります。これまでは失われた仕事よりも増えた仕事のほうが結果的には多かったわけですが、今後どうなるかを知るための参考になる本です。

▽海老原嗣生『雇用の常識「本当に見えるウソ」』プレジデント社、2009年

日本の雇用について、一般に信じられていることがじつは正しくないということは結構多いのですが、本書はデータを用いてそのような誤解をひとつずつ解き明かしてくれます。

▽柳川範之『40歳からの会社に頼らない働き方』ちくま新書、2013年

働き方がこれからどのように変わるのかについて、経済学の視点から考えている書籍です。この本で提唱されているような働き方を全員ができるとは思いませんが、能力が高く意欲がある若者にはぜひ読んでいただきたいと思う一冊です。

【Webページ】

Web上には、多くの有益な資料が無料で公開されています。必要に応じて参照してください。

▽労働経済白書（労働経済の分析）

労働経済白書は、冊子になったものは有料ですが、ネット上では無料で公開されています。働き方の実態について知るためには、まずは白書を眺めてみるとよいでしょう。

http://www.mhlw.go.jp/toukei_hakusho/hakusho/

▽若者雇用関連データ

厚生労働省では、若者の働き方について有益な情報をまとめたページを公開しています。
http://www.mhlw.go.jp/topics/2010/01/tp0127-2.html

▽労働関連資料・パンフレットダウンロード

東京都では、労働者にとって便利な資料を公開しています。
http://www.hataraku.metro.tokyo.jp/sodan/siryo/index.html

【テレビ番組】

最近、経済学の考え方を紹介するテレビ番組が増えています。書籍やWebページよりも、容易に知識を得ることができるというメリットがありますので、ぜひご覧ください。

▽NHK（Eテレ）「オイコノミア」

ピースの又吉直樹さんと一緒に経済学の考え方を学ぶ番組です。取り扱われるテーマはさまざまですが、働き方に関する話題も頻繁に採り上げられています。
http://www4.nhk.or.jp/oikonomia/

▽BSジャパン「日経みんなの経済教室」

日本経済新聞に掲載されている「経済教室」欄の内容を1週間分まとめて紹介し、そのうちの一つの話題を丁寧に解説する番組です。過去の放送内容が番組ホームページ上に掲載されています。

http://www.bs-j.co.jp/keizaikyoushitsu/

ちくま新書
1114

これだけは知《し》っておきたい
働《はたら》き方《かた》の教科書《きょうかしょ》

二〇一五年三月一〇日　第一刷発行

著　者　安藤至大（あんどう・むねとも）

発行者　熊沢敏之

発行所　株式会社 筑摩書房
東京都台東区蔵前二-五-三　郵便番号一一一-八七五五
振替〇〇一六〇-八-四一二三

装幀者　間村俊一

印刷・製本　株式会社 精興社

乱丁・落丁本の場合は、左記宛にご送付下さい。
送料小社負担でお取り替えいたします。
ご注文・お問い合わせも左記へお願いいたします。
〒三三一-八五〇七　さいたま市北区櫛引町二-六〇四
筑摩書房サービスセンター　電話〇四八-六五一-〇〇五三

ISBN978-4-480-06823-1 C0236

ちくま新書

784
働き方革命
——あなたが今日から日本を変える方法
駒崎弘樹
仕事に人生を捧げる時代は過ぎ去った。「働き方」の枠組みを変えて少ない時間で大きな成果を出し、家庭や地域社会にも貢献する新しいタイプの日本人像を示す。

973
本当の経済の話をしよう
若田部昌澄
栗原裕一郎
難解に見える経済学も、整理すれば実は簡単。わかりやすさで定評のある経済学者・若田部昌澄に、気鋭の評論家・栗原裕一郎が挑む、新しいタイプの対話式入門書。

872
就活生のための作文・プレゼン術
小笠原喜康
就活で勝つ文章とは？　作文・自己PR・エントリーシートを書く極意から、会社・業界研究法まで、必勝のテクニックを完全公開。就活生必携の入門書決定版。

1046
40歳からの会社に頼らない働き方
柳川範之
誰もが将来に不安を抱える激動の時代を生き抜くには、どうするべきか？「40歳定年制」で話題の経済学者が、新しい「複線型」の働き方を提案する。

855
年金は本当にもらえるのか？
鈴木亘
本当に年金は破綻しないのか？　政治家や官僚は難解な用語や粉飾決算によって国民を騙し、その真実を教えてはくれない。様々な年金の疑問に一問一答で解説する。

1071
日本の雇用と中高年
濱口桂一郎
激変する雇用環境。労働問題の責任ある唯一の答えは「長く生き、長く働く」しかない。けれど、年齢が足枷になって再就職できない中高年。あるべき制度設計とは。

427
週末起業
藤井孝一
週末を利用すれば、会社に勤めながらローリスクで起業できる！　本書では「こんな時代」をたくましく生きる術を提案し、その魅力と具体的な事例を紹介する。

581 会社の値段 森生明

会社を「正しく」売り買いすることは、健全な世の中を作るための最良のツールである。「M&A」から「株式投資」まで、新時代の教養をイチから丁寧に解説する。

512 日本経済を学ぶ 岩田規久男

この先の日本経済をどう見ればよいのか？ 戦後高度成長期から平成の「失われた一〇年」までを学びなおし、さまざまな課題をきちんと捉える、最新で最良の入門書。

516 金融史がわかれば世界がわかる ――「金融力」とは何か 倉都康行

マネーに翻弄され続けてきた近現代。その変遷を捉え直し、世界の金融取引がどのように発展してきたかを整理しながら、「国際金融のいま」を歴史の中で位置づける。

565 使える！ 確率的思考 小島寛之

この世は半歩先さえ不確かだ。上手に生きるには、可能性を見積もり適切な行動を選択する力が欠かせない。確率のテクニックを駆使して賢く判断する思考法を伝授！

619 経営戦略を問いなおす 三品和広

戦略と戦術を混同する企業が少なくない。見せかけの「戦略」は企業を危うくする。現実のデータと事例を数多く紹介し、腹の底からわかる「実践的戦略」を伝授する。

628 ダメな議論 ――論理思考で見抜く 飯田泰之

国民的「常識」の中にも、根拠のない〝ダメ議論〟が紛れ込んでいる。そうした、人をその気にさせる怪しい議論をどう見抜くか。その方法を分かりやすく伝授する。

785 経済学の名著30 松原隆一郎

スミス、マルクスから、ケインズ、ハイエクを経てセンまで。各時代の危機に対峙することで生まれた古典には混沌とする経済の今を捉えるためのヒントが満ちている！

701
こんなに使える経済学
――肥満から出世まで
大竹文雄編
肥満もたばこ中毒も、出世も談合も、経済学的な思考を上手に用いれば、問題解決への道筋が見えてくる！ 経済学のエッセンスが実感できる、まったく新しい入門書。

629
プロフェッショナル原論
波頭亮
複雑化するビジネス分野でプロフェッショナルの重要性は増す一方だが、倫理観を欠いた者も現れてきている。今こそその〝あるべき姿〟のとらえなおしが必要だ！

396
組織戦略の考え方
――企業経営の健全性のために
沼上幹
組織を腐らせてしまわぬため、主体的に思考し実践しよう！ 組織設計の基本から腐敗への対処法まで「これウチの会社！」と誰もが嘆くケース満載の組織戦略入門。

336
高校生のための経済学入門
小塩隆士
日本の高校では経済学をきちんと教えていないようだ。本書では、実践の場面で生かせる経済学の考え方をわかりやすく解説する。お父さんにもピッタリの再入門書。

225
知識経営のすすめ
――ナレッジマネジメントとその時代
野中郁次郎
紺野登
日本企業が競争力をつけたのは年功制や終身雇用の賜物のみならず、組織的知識創造を行ってきたからである。知識創造能力を再検討し、日本的経営の未来を探る。

065
マクロ経済学を学ぶ
岩田規久男
景気はなぜ変動するのか。経済はどのようなメカニズムで成長するのか。なぜ円高や円安になるのか。基礎理論から財政金融政策まで幅広く明快に説く最新の入門書。

035
ケインズ
――時代と経済学
吉川洋
マクロ経済学を確立した20世紀最大の経済学者ケインズ。世界経済の動きとリアルタイムで対峙して財政・金融政策の重要性を訴えた巨人の思想と理論を明快に説く。

857
日本経済のウソ
髙橋洋一
円高、デフレ、雇用崩壊――日本経済の沈下が止まらない。この不況の時代をどう見通すか？　大恐慌から現代まで、不況の原因を検証し、日本経済の真実を明かす！

924
無料ビジネスの時代
――消費不況に立ち向かう価格戦略
吉本佳生
最初は無料で商品を提供しながら、最終的には利益を得ようとする「無料ビジネス」。こんな手法が社会的に求められるのはなぜか？　日本経済のゆくえを考える。

928
高校生にもわかる「お金」の話
内藤忍
お金は一生にいくら必要か？　お金の落とし穴って何だ？　AKB48、宝くじ、牛丼戦争など、身近な喩えでわかりやすく伝える、学校では教えない「お金の真実」。

930
世代間格差
――人口減少社会を問いなおす
加藤久和
年金破綻、かさむ医療費、奪われる若者雇用――。年齢によって利害が生じる「世代間格差」は、いかに解消できるか？　問題点から処方箋まで、徹底的に検証する。

959
円のゆくえを問いなおす
――実証的・歴史的にみた日本経済
片岡剛士
なぜデフレと円高は止まらないのか？　このまま日本経済は停滞したままなのか？　大恐慌から現代へいたる為替と経済政策の分析から、その真実をときあかす。

976
理想の上司は、なぜ苦しいのか
――管理職の壁を越えるための教科書
樋口弘和
いい上司をめざすほど辛くなるのはなぜだろう。頑張るほど疲弊してしまう現代の管理職。では、その苦労の理由とは。壁を乗り越え、マネジメント力を上げる秘訣！

1032
マーケットデザイン
――最先端の実用的な経済学
坂井豊貴
腎臓移植、就活でのマッチング、婚活パーティー!?　お金で解決できないこれらの問題を解消する画期的な思考を解説する。経済学が苦手な人でも読む価値あり！

1042
若者を見殺しにする日本経済
原田泰
社会保障ばかり充実させ、若者を犠牲にしている日本経済に未来はない。若年層が積極的に活動し、失敗しても取り返せる活力ある社会につくり直すための経済改革論。

1061
青木昌彦の経済学入門
——制度論の地平を拡げる
青木昌彦
社会の均衡はいかに可能なのか？　現代の経済学を主導した碩学の知性を一望し、歴史的な連続／不連続性のなかで、ひとつの社会を支えている「制度」を捉えなおす。

1065
中小企業の底力
——成功する「現場」の秘密
中沢孝夫
国内外で活躍する日本の中小企業。その強さの源は何か？　独自の技術、組織のつくり方、人材育成……。多くの現場取材をもとに、成功の秘密を解明する一冊。

1069
金融史の真実
——資本システムの一〇〇〇年
倉都康行
懸命に回避を試みても、リスク計算が狂い始めるとき、金融危機は繰り返し起こる。「資本システム」の歴史を概観しながら、その脆弱性と問題点の行方を探る。

1092
戦略思考ワークブック【ビジネス篇】
三谷宏治
Suica自販機はなぜ1・5倍も売れるのか？　1着25万円のスーツをどう売るか？　20の演習で、明日から使える戦略思考が身につくビジネスパーソン必読の一冊。

880
就活エリートの迷走
豊田義博
超優良企業の内定をゲットした「就活エリート」。彼らが入社後に、ことごとく戦力外の烙印を押されている……。採用現場の表と裏を分析する驚愕のレポート。

883
ルポ　若者ホームレス
飯島裕子
ビッグイシュー基金
近年、貧困が若者を襲い、20～30代のホームレスが激増している。彼らはなぜ路上暮らしへ追い込まれたのか。貧困が再生産される社会構造をあぶりだすルポ。

947
若者が無縁化する
――仕事・福祉・コミュニティでつなぐ
宮本みち子
高校中退者、若者ホームレス、低学歴ニート、世の中から切り捨てられ、孤立する若者たち。彼らを社会につなぎとめるために、現状を分析し、解決策を探る一冊。

710
友だち地獄
――「空気を読む」世代のサバイバル
土井隆義
周囲から浮かないよう気を遣い、その場の空気を読もうとするケータイ世代。いじめ、ひきこもり、リストカットなどから、若い人たちのキツさと希望のありかを描く。

1066
使える行動分析学
――じぶん実験のすすめ
島宗理
仕事、勉強、恋愛、ダイエット……。できない、守れないのは意志や能力の問題じゃない。行動分析学の理論で推理し行動を変える「じぶん実験」で解決できます！

292
ザ・ディベート
――自己責任時代の思考・表現技術
茂木秀昭
「原発は廃止すべし」。自分の意見をうまく言えますか？データ集めから、立論、陳述、相手への反駁まで、学校やビジネスに活きるコミュニケーション技術を伝授。

542
高校生のための評論文キーワード100
中山元
言説とは？イデオロギーとは？テクストとは？辞書を引いてもわからない語を、思想的背景や頻出する文脈から解説。評論文を読む〈視点〉が養えるキーワード集。

563
国語教科書の思想
石原千秋
「読解力低下」が問題視される昨今、国語教育の現場では何が行なわれているのか？小・中学校の教科書をテクストに、国語教科書が隠し持つイデオロギーを暴く。

812
その言い方が人を怒らせる
――ことばの危機管理術
加藤重広
適確に伝えるには、日本語が陥りやすい表現の落とし穴を知ることだ。思い当たる「まずい」事例を豊富に取り上げ、言語学的に分析。会話の危機管理のための必携本。

839
実践！　交渉学
――いかに合意形成を図るか
松浦正浩
問題に関係している人全員のメリットを探求する学問、「交渉学」。身近なところから国際関係まで幅広く使えるその方法論と社会的意義をわかりやすく解説する。

889
大学生からの文章表現
――無難で退屈な日本語から卒業する
黒田龍之助
読ませる文章を書きたい。だけど、学校では子供じみた作文と決まりきった小論文の書き方しか教えてくれなかった。そんな不満に応えるための新感覚の文章読本！

908
東大入試に学ぶロジカルライティング
吉岡友治
腑に落ちる文章は、どれも論理的だ！　東大入試を題材に、論理的に書くための「型」と「技」を覚えよう。学生だけでなく、社会人にも使えるワンランク上の文章術。

909
自己啓発の名著30
三輪裕範
先行きの見えぬ不安や絶望的な困難に直面したとき、それでも真っ直ぐに人生を歩むための支えとなる言葉がある。そんな古今東西の名著を厳選したブックガイド！

972
数学による思考のレッスン
栗田哲也
隠された問いを発見し、自前のストーリーを構築する思考の力とは何か。数学五輪メダリストを育てる著者が体験に基づいて問題提起する、数学的「考えるヒント」。

993
学問の技法
橋本努
学問の王道から邪道まで、著者自身の苦悩から生み出されたテクニックを満載！　大学生はもちろん社会人も、読めば学問がしたくてしょうがなくなる、誘惑の一冊。

1088
反論が苦手な人の議論トレーニング
吉岡友治
「空気を読む」というマイナスに語られがちな行為は、実は議論の流れを知るための技でもあった！　ツッコミから反論、仲裁まで、話すための極意を伝授する。